united p.c.

I0320492

Alle Rechte der Verbreitung, auch durch Film, Funk und Fernsehen, fotomechanische Wiedergabe, Tonträger, elektronische Datenträger und auszugsweisen Nachdruck, sind vorbehalten.

Für den Inhalt und die Korrektur zeichnet der Autor verantwortlich.

© 2017 united p. c. Verlag

Gedruckt in der Europäischen Union auf umweltfreundlichem, chlor- und säurefrei gebleichtem Papier.

www.united-pc.eu

Thomas Grabner

Im Leben geht es ordentlich rund

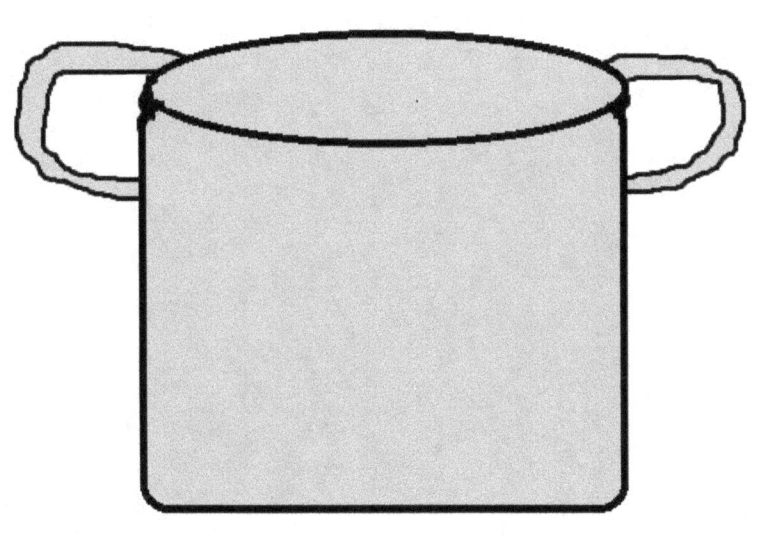

INHALTSVERZEICHNIS

ÜBER DIESES BUCH 21
ACHTUNG 21
DANKE 22
WAS ICH MIT DIESEM BUCH SAGEN MÖCHTE 22
WAS ICH DEN LESERN WÜNSCHE 22
DAS LEBEN GENIEßEN 23
WILLKOMMEN ES IST MIR EINE EHRE 24
GLÜCK 25
A GEILES LEB'M 28
AUF WOS I MI SCHO G'FREI 30
DAS GRÖßTE WUNDER 30
DAS LEBEN KANN SO SCHÖN SEIN 31
DAS REZEPT ZUM GLÜCKLICH SEIN 32
SO SCHNELL WIRD'S NICHT GEBRAUCHT 34
ENTSPANNUNG PUR 35
ES LEBE DIE GEMÜTLICHKEIT 36
FAULE HAUT 37
FREIHEIT HOCH OBEN 38
FREUDE AM LEBEN 39
FRÜHLING 40
DA HEITIGE WANDATOG 42
HERZ WAS WILLST DU MEHR 43

INHALTSVERZEICHNIS

KAN BOCK	43
LÄSSIGES LEBEN	45
MEIN SCHÖNSTER TAG	46
MIT A BISSAL SPAß WIRD'S LEBEN KLASS	47
REGENBOGEN	48
SAMMA MOL EHRLICH	50
SCHLUPFLOCH	50
SOMMER	51
SONNENBAD	52
UTOPIE FÜR MI	53
VOLLER EUPHORIE	54
WO FÜHRT DAS BLOß HIN	55
WÜNSCHE FREI	57
FEIERABEND	59
ACTION	**61**
ALARM	62
ALARMSTUFE BLAU	63
BERUF MAMA	64
DANN GEMMAS AUN	65
DANN PACK MA'S BEIM SCHOPF	66
DANN RINNT OHNE SCHEIß DER SCHWEIß	67
DAS LEBEN IST EIN ABENTEUER	68
DER TIPP IS HAß	70

INHALTSVERZEICHNIS

DIE DIVA MIT DEM LAMPENFIEBER 71
DIE LUNTE BRENNT 72
DO KOCHT'S DO SIAD'S 73
DIE STIMMUNG BEIM SENDUNGPROGRAMMIEREN 74
ES BRENNT 75
ES MUASS BRENNEN 76
ES SOLL SPAß MACHEN 78
GEMMA GEMMA 79
GIB ANFOCH NUR GAS 80
HABT ACHT 81
HEIT REIß MA BÄUME AUS 83
HIER UND JETZT 84
I BRAUCH A GAS 86
ICH BIN DABEI 87
IM HERZEN SAMMA ROCKER 88
IMMER FÜR BLÖDSINN ZU HABEN 89
JEDEN TAG EIN ABENTEUER 90
JETZT GEHT'S RUND 92
JETZT IST'S VORBEI MIT DER FAULENZEREI 93
LOS GEHT'S 94
MIT SCHWUNG UND ELAN 95
NACHTSCHICHT 96
NEUE KRAFT 97

INHALTSVERZEICHNIS

NO RISK NO FUN 98

PARTY 99

SATISFACTION DURCH ACTION 100

SICHER IS SICHER 101

START UP 102

STROM IM DOM 103

SUPER DRAUF 104

TRAU DI 105

WOHNGEMEINSCHAFT ALGERSDORFERSTRAßE 106

VOLLGAS JETZT GEHT'S RUND 107

LUSTIG 109

A GAUDE 110

A KRASSER UNTERSCHIED 111

AB GEHT DIE POST 112

ACH DU HEILIGES KANONENROHR DES KUMMT MA A BISSAL DEPPAT VOR 113

ACH ICH MUSS SO VIEL LACHEN 116

ACHTUNG HAIFISCH 117

ACHTUNG WENN DA WER DIE HOS'N FLICKT 118

AL DENTE 119

ALPENSAU 120

ALTER OPA ODER JUNGER HUPFA 122

AN DICKEN HOLS 123

INHALTSVERZEICHNIS

AS FASSL VOM LANDL ... 124
AUSTRIA'S NEXT TOPTROTTEL ... 125
BAM OLDA ... 128
BESSER KLEINGELD ALS KEIN GELD ... 130
BESSER RUND UND G'SUND ... 132
BÖLLER SCHIAß'N ... 133
BUMM UND PLÖTZLICH FOLLT'S UM ... 135
CALLCENTER ... 137
CLUB DER MAFIOSI ... 139
COOLE SAU ... 141
DA HAT ES DEN LAUF VERBOGEN ... 143
DA LIEGT DER HUND BEGRABEN ... 143
DA SCHÄD'L BLEIBT ... 145
DAS GAUDIFABRIKAT ... 146
DAS GEBET FÜR DIE BIRNE ... 147
DAS SCHWAMMERL AUS DEM BAMERL ... 148
DAS SCHWEINISCHE GEDICHT ... 149
DAS WUNDER EI ... 150
DER ARBEITSTAG DES KÖRPERS ... 153
DER BUA IS STUA ... 155
DER FIESE BLAUE ... 156
DER KAMPF GEGEN BAZILLEN ... 157

INHALTSVERZEICHNIS

DA SCHLÄGT'S GRANADA MIT PRADA 158

DER PERFEKTE HAWI 160

DER PREDIGER 161

DES FOHRT DURCH 163

DIE GEOGRAPHIE UND ICH VERSTANDEN UNS NOCH NIE 164

DIE GLASKUGEL 165

DIE GOLDENE MITTE 167

DIE HOS'N VULL_GEDICHT 1 168

DIE KUGEL WOCHST 169

DIE QUASSEL RENNT 170

DIE SIRI 172

DIE VRONI UND IHRE MARONI 173

DIE WOHNUNGSMAMA 174

DO GLÜHST AUF 176

DO HOT'S AN SCHNOLZA G'MOCHT 177

DO IS DA WURM DRIN 179

DO LEGST DI NIEDA 180

DREIHUNDERT JOHR 182

DRINNEN KA LIACHT UND DRAUßEN SCHWORZ 183

DRITTE ZÄHNE 184

EHRLICHER GANGSTER 185

EI EI EI 188

EIN BISSCHEN TASCHENGELD 189

Einen Euro 190

INHATSVERZEICHNIS

1, 2, 3 191

EINTRITT 192

ERDÄPFEL SONDERGLEICHEN 194

FASCHINGSZEIT 196

FATAMORGANA 197

FAULER SACK 198

FALSCH VERSTANDEN 199

FRECHDACHS 201

FRISCHLUFT 202

FRÖHLICHKEITSTOPF 203

FUNKLOCH 205

GANZ MUNTER DEN BERG HINUNTER 208

GEH NA 209

GONZ ODER GOR NET 210

GRILLE MIT SONNENBRILLE 211

HALLO 212

GROßER BRUDER 213

HAUT'S OB DEN Z'REIßTS 215

HE 216

HEILIGER BIM BAM 217

HERUM ALBERN 218

HEXEBINCHEN 219

INHALTSVERZEICHNIS

HIMMEL ARSCH UND ZWIRN	220
HIMMEL ORSCH UND ZWIRN	220
HIMMEL SCHIMMEL SCHWARZES ROSS	222
HÜLFE NOSS	223
I BIN A ECHTER BAUERNBUA	224
I HOB SO GERN WORM	225
I STEH NET NUR AUF FRAU	227
ICH GEH NOCH LANGE NICHT	228
ICH SEHE ROT	231
IM FLUGZEUG	232
IN DA SAUNA	235
INTERESSANTE STRAßENREGEL	236
IRONIE NIE	237
JAHRESRINGE	238
JETZT KANN ICH EINE BLASEN	239
JETZT REICHT'S	240
JO OLTA WOS GEHT DEN DO OB	241
KLIMMSTÄNGEL	242
KOMM SCHON EINFACH LUFT DURCH DIE NÜSTERN ZIEHEN	244
KREATIV UND A BISSI NAIV	246
LASS DIE SAU RAUS	247

INHALTSVERZEICHNIS

LAUSBUA	249
LEISE BLOß LEISE	250
LUSTIGE SPRÜCHE	252
MÄNNERKLO	253
MARIANNE MIT DER EISENPFANNE	254
MEGA GEIL	255
MODERDERATOR MIT SCHNEID	256
NERVEN AUS STAHL	257
NIESEN DASS SICH DIE BALKEN BIEGEN	258
NIX PASSIERT VERSION 1	260
NIX PASSIERT VERSION 2	262
OLTER HUND	264
ONSTOND BITTE	265
ORSCH HOCH	267
PASS AUF UND MOCH KOAN SCHAß	268
PETRI HEIL	269
PHÄNOMEN	270
PLEITEGEIER	272
RAT(T)ENZAHLUNG	273
RAUS WAS KEINE MIETE ZAHLT	275
RESTLKÜCHE	276
SCHISS VORM BISS	277
SCHWEDENBOMBEN	279
SO G'SUND	280
SPE(C)KTRUM	282

INHALTSVERZEICHNIS

STEIRERG'WOND 283

REITZEN 284

ÜBER EINE BESTIMMTE GETRÄNKEDOSE 286

UND DO WOR DES LOCH 287

UNKRAUT VERDIRBT NET UND A HORTER HUND STIRBT NET 288

UPPS 289

VOLLE PULLE BULLE 290

VOM FURTFOAH'N UND VOM HAMDRAH'N 292

VON LEUCHTDIODEN UND LEUCHTIDIOTEN 294

WARMER BRUDER 295

WHOOP WHOOP 296

WIE A MENSCHNLEB'M ENTSTEHT 297

WIR HABEN ES OFT HART MIT UNSEREM BART 300

WIR WISSEN VON NICHTS 301

WOS IS LOS 302

X – MAN 303

MOTORISIERT 304

DER ERSTE MOTOR 305

A LEB'M ALS ROWDI IS KA GAUDI 306

AS ONDERE ZÄHNEPUTZEN 308

INHALTSVERZEICHNIS

AUTOKARUSSELL	309
AUTOKLAU MIT HINDERNISSEN	310
BUSREISEN	312
DER GOLDENE FLÜGEL	313
DER STERN	314
EIN MEISTER IM KFZ BEREICH	316
GATSCHHUPFER	318
GEISTERFAHRER	319
GOR NET SO LEICHT	320
HAMMA WAS GETRUNKEN	321
MINUTENKLESCHER	323
MIT VOLLGAS	324
MOPED VOLL IM GANGE	326
MOTOR STARTEN	327
REIß AUN DIE MASCHIN'	328
ROYAL SCHLITTEN	329
TRUCKER LEBEN	331
URIG UND EINSPURIG	331
VOLL SPEED	333
VULLGUMMI	335
DER ALKOHOL	**337**
BETRUNKEN	338
BIER UND WEIN	339

INHALTSVERZEICHNIS

BITTE LOSS MI NET IM REG'N STEH'N 340

BITTE NOCH EIN BIER 342

DAS GEBET DER SÄUFER... 343

NUDELFETT.. 344

ZUVIEL ALKOHOL TUT EINFACH NICHT WOHL 345

TIERISCH 347

A SO A KRAWALL... 348

ACTION IN SPANIEN 349

AUF DEN HUND GEKOMMEN.. 351

DA GEHT'S UM DEN KEKS... 352

DA WUFFTL 354

DAS GEHT DURCH DIE HAUT 355

DER BERNHARDINER IST EIN ECHTER SCHLAWINER 357

DER MANN MIT DEM KATER BEIM PSYCHIATER 358

DER MATADOR.. 359

DIE KUH ZENZ JEDER KENNT'S.. 361

DIE LETZTE KUH MACHT DIE TÜRE ZU 362

DIE MAUS MIT DEM BAUERNSCHMAUS 363

DIE SCHLONGEN 365

KONFERENZ DER TIERE... 366

MAUNZI... 369

MEIN FLAUSCHIGER FREUND 370

NASSE NASE 371

UNSERE LEITKUH MIT IHRER GLOCKE 374

VOM HOSENSCHEIßER UND WADENBEIßER 375

INHALTSVERZEICHNIS

DIE MUSIK **377**

A MUSIK IM LEB'M 378

DER RHYTHMUS DEN MAN SPÜREN MUSS 379

DIE MUSIK 380

DIE PUBERTÄT DES RADIOS 381

DO FOHRT DIE SOUNDMASCHIN' 382

FEEL THE BEAT 384

LET'S ROCK 385

LIVE IST HALT LIVE 387

MUSIK UND UNS REIßT ES SCHON MIT 388

PEPP MIT STEPP 389

RAGPACK 390

RHYTHMUS IM BLUT TUT SO GUT 392

ROCK'N' ROLL UND ALLES LÄUFT WIE ES SOLL 393

SOUND OF ROCK 394

TANZ MIT MIR IN DIE NACHT 395

VON ARSCHGEIGEN UND ANDEREN INSTRUMENTEN ... 396

VOL(L)UME 397

VON INNERER KRAFT UND GEBORGENHEIT 400

INHALTSVERZEICHNIS

NACHDENKLICHES **401**

A JEDES LEB'M SCHREIBT GESCHICHTE 402

A POOR TASSEN FEHLEN 402

ABLAUFDATUM 404

ALLES IST VERGÄNGLICH 405

ALLES WAS ZÄHLT, ... 405

AN JEDEM ORT DAS RICHTIGE WORT 406

ANGEH'N STATT ANSTEH'N 407

AS LEB'M IN DIE HOND NEHMEN 408

AS LEB'M WÄR' NET SCHWER 409

AUF DIE HARTE TOUR 410

AUFGEREGT 412

AUS IS ES 413

BEIß MA DURCH 414

VON LIEBE UND SEHNSUCHT **416**

ALLES FÜR MICH 417

ALLES IST VERGÄNGLICH WIRKLICH ALLES 418

ALLES NUR WEGEN DIR SCHATZI 419

ALLES NUR WEGEN DIR 420

ALLES WAS ZÄHLT BIST DU 421

AS BESTE SCHATZI EVER 422

AUF EIS GELEGT 423

AUS UND VORBEI FÜR UNS ZWEI 425

INHALTSVERZEICHNIS

AUSGELIEFERT 426

KERZENSCHEIN WIRD ES ROMANTISCH SEIN 427

SPRÜCHE 429

AN DIE ELTERN 430

DANKE LIEBER GOTT 430

DAS GRÖSSTE GESCHENK 430

DAUERT ES AUCH LANGE 431

DU BAUST MICH AUF 431

DU KANNST GUT DICHTEN 432

EIN TOLLER MENSCH 432

EINE FREUNDIN 433

ES IST SPÄT 433

FÜR JEDEN WAS DABEI 434

MEINE SEELE UND ICH WIR LIEBEN DICH 434

PRIMA 434

SCHENK MIR EINEN PENNY 435

VORBEI IST DIE NACHT 435

WAHRER REICHTUM 436

WENN MAN IM BETT LIEGT 436

WUNSCH DEN SCHIFAHRERN 436

WENN ES NACHT WIRD 438

ANKLAGE MORD 439

DER KRAMPUS AM CAMPUS 440

INHALTSVERZEICHNIS

DIE GENDARMERIE ERWISCHT MICH NIE 441

DIE NACHT DES GRAUENS 442

EIN LEBEN WIE EHEDEM 443

GUTE NACHT 445

IN DER NACHT 446

OB IN DIE HAPF'M 447

SCHLÄFRIG UND MÜDE 448

SCHLOF'M GEH'N IS SCHO SCHEN 449

SCHLUSS AUS FÜR DIESE NACHT 450

WENN'S ZWÖLFE SCHLOGT 452

ZAUBER IN DA GEISTERNOCHT 454

SCHLUSS FÜR HEUTE 456

ÜBER DEN AUTOR 457

HERZLICHEN DANK AN DIE SPONSOREN 458

Über dieses Buch
Achtung

In diesem Buch befinden sich Texte die nicht jugendfrei sind. Die Gedichte sind erfunden, außer es ist ausdrücklich angeführt, dass es sich um eine wahre Begebenheit handelt.
Viele Texterklärungen der Fußnoten wurden aus dem Internet rausgesucht. www.duden.de und Wikipedia bei einem Gedicht. Der Google Translator wurde bei manchen anderssprachigen Sätzen und Wörtern wahrscheinlich ebenfalls eingesetzt. Bei einer Erklärung wurde die Quelle in der Fußzeile angegeben. Einige Wörter und Begriffe, welche in den Fußzeilen angeführt sind, wurden aus eigenem Wissen wiedergegeben und andere komplett vom Duden übernommen. Namen wurden wegen des Persönlichkeitsrechts, auf Unkenntlichkeit gekürzt oder geändert. So steht z. B. „Hermine" für einige andere Namen. Einige Gedichte wurden umgeschrieben. Einige vollständige Namen betreffen keine realen Personen. Die Bilder wurden vom Autor in Paint mit den Vorlagen und Möglichkeiten des Programmes gestaltet. Das Foto des Autors stammt von seiner eigenen Kamera, welches vom Bruder Johannes gemacht wurde.
Da die Quellen angegeben sind und übernommene Begriffe in den Fußzeilen nachvollziehbar sind, sowie die Namen geändert wurden, wird jegliche Haftung ausgeschlossen. Seitens des Verlages, sowieso vertraglich und vom Autor durch die in diesem Text

angeführten Angaben. Dieses Buch wurde zuletzt im Jahr 2017 bearbeitet.

Danke

Bedanken möchte ich mich ganz besonders bei meiner Familie, aber auch bei Freunden, welche die Geduld und das nötige Verständnis sowie Hilfsbereitschaft aufbringen. So ein Buch bedeutet einiges an Arbeit und mit der richtigen Unterstützung ist alles zu schaffen.

Ebenso möchte ich mich für die Aufträge bedanken, ohne die Auftragsgedichte natürlich nicht möglich wären.

Was ich mit diesem Buch sagen möchte

Im Leben geht es ordentlich rund. Im Leben kommt alles vor. Mir macht es extrem Spaß, auf diesem Wege meine Gedanken teilen zu dürfen und zu können. Ich möchte die Menschen somit zum Lachen und auch zum Nachdenken bringen.

Was ich den Lesern wünsche

Viel Freude und Spaß beim Lesen dieses Buches!

Das Leben genießen

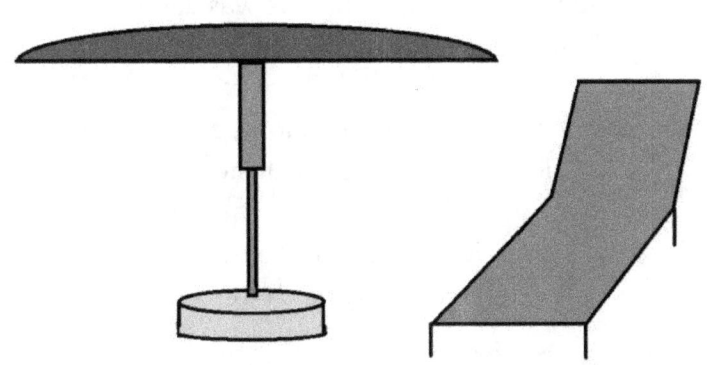

21.03.2012

Willkommen es ist mir eine Ehre

Willkommen, es ist mir eine Ehre, euch heute etwas vorzulesen,
es ist schon immer mein Traum gewesen.

Dabei hoffe ich, dass für alle was dabei ist,
sodass man diese Zeit nie vergisst.

Lange hat es gedauert und nun ist es geschehen,
ich darf heute vor euch stehen.

Es ist einfach wundervoll,
eine Ehre, wirklich toll.

Heute gibt es etwas zu lachen,
ich hoffe, es wird euch Freude machen.

Natürlich auch einiges zum Nachdenken,
und auch so manches, dass könnte man der Freundin schenken.

Nun sage ich danke schön, dass ihr alle da seid,
ich freue mich und bin zum Lesen bereit.

20.03.2012

Glück

Glück ist ein schönes Wort,
ein bisschen Glück ist wichtig, egal wo und an jedem Ort.

Glück, das Schönste aller Zeiten,
es wird dir viel Freude bereiten.

Glück,
es gibt dir vom Leben das beste Stück.

Glücklich zu sein,
da trügt nicht nur der Schein.

Glück, es ist die Wahrheit,
für Jubel, Trubel, Heiterkeit.

Alles schön und wunderbar,
es ist so schön, wirklich war.

Bei Glück geht es dir so richtig gut,
du könntest Bäume ausreißen und du hast ganz viel Mut.

Da hast du so viel Energie,
wie noch nie.

Kannst alles machen, egal welche Sachen
und trotzdem kannst du nur noch lachen.

Das Glück, es ist perfekt,
es weckt jede Freude, die in dir steckt.

Wer will noch ein Stück,
vom großen Glück.

Der pfeift auf Drogen,
wann hast du dir ein tolles Leben beigebogen?

Ganz einfach, den Trick jetzt,
ja, ja wer am besten lacht, lacht zuletzt.

Zuletzt lacht man dann,
wenn man gewisse Sachen behaupten kann.

Man hat tolle Menschen um sich,
dass ist schon einmal ein wichtiger Einstieg für mich.

Die, die dich bloß nur ausnutzen,
die musst du gleich mal abputzen.

Aber Achtung, halte Distanz,
von eigener Arroganz.

Bleib, wie du bist,
weil man dich so kennt und es so doch am besten ist.

Wenn du tolle Menschen um dich hast, werden sie dich begleiten,
in guten wie in schlechten Zeiten.

Bist du gesund, dann geht's dir gut,
so fasse ich immer neuen Mut.

Dazu noch eine Flamme,
die ich nie vergesse, ja eine ganz süße Dame.

Eine gute Musik,
macht dein Leben noch zusätzlich schick.

Dann brauchst du kein Kokain, kein Hasch, kein Crack,
du hast auch so ein tolles Leben, welches ich immer wieder gerne check.

So geht glücklich sein ohne Zusatzstoffe,
dass ist das Leben welches ich führe und nicht bloß drauf hoffe.

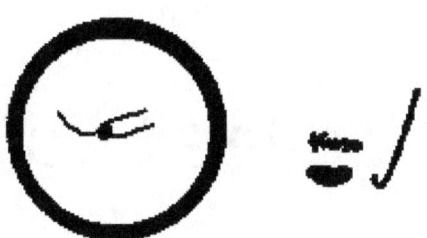

22.05.2014

Mittendrin im Glück

Sie bringt mich in den siebten Himmel zurück,
ich bin mittendrin im Glück.

Sie hält mich fest,
geht mit mir durch den schwersten Test.

Sie ist immer für mich da,
bin ich fern, ist sie nah.

Wie ein Juwel glänzt sie,
selbst in schweren Zeiten verliert sie ihren Glanz nie.

Im schönsten Stück das sich Leben nennt,
bin ich der, der die Hauptdarstellerin kennt.

22.05.2014

A geiles Leb'm

Ans waß i zwor, i hob net grod extrem vü im Hirn,
leider bin i net grod die hellste Birn.

Owa ans is ma g'wiss
und zwor, dass mei Leb'm so richtig geil is.

Geil? Warum? Des kaunn i eich sog'n,
do brauch i net long herum red'n, ma braucht a nix hinter frog'n.

Steck i a Mol in da Mühl drinnen in da Zwick,
irgendwie hob i imma Glick.

Irgendwie kumm i imma wieder raus
und so moch i holt as Beste draus.

Kommt a Mol a Brock'n daher,
des is klor, im Leb'm is net immer olles leicht, sondern a monchmol schwer.

So losst si olles irgendwie beheb'm
und i hob scho wieder a geiles Leb'm.

Owa das des olles so g'miatli laft,
der gonze Lebenssaft.

Do san im Grunde a poor Leit daraun beteiligt,
als erstes is die Familie und meine Freunde, normal g'herns[1] für des scho geheiligt.

A Glück wird's für mi immer geb'm,
genau desholb hob i a geiles Leb'm.

Steh i amol vorn Himmelstor,
muass i zugeb'm, das mei Leb'm richtig super wor.

---

[1] g'herns = gehören sie

05.06.2012

Auf wos i mi scho g'frei

Am Obend is es wieder soweit,
zum Faulenzen Zeit.

Etwos Ess'n
und die Gaude mit'n Bruada net vagess'n.

A bissal Fernsehen,
anfoch gemütlich moch'n es is so schen.

Bei Müdigkeit anfoch ins Bettal haun
und von durt aus a Luftschloss baun.

Noch da Schul is imma a guate Zeit,
die mocht ma imma a ries'n Freid.

10.08.2012

Das größte Wunder

Der Beginn war,
als es bei deinen Eltern geschah.

Weiter ging's,
durch verschiedene Verbindungen und Links.

Dadurch hast du sie gefunden
und auch sie hat das größte Wunder entbunden.

Das größte Wunder, dass jeder kennt,
das größte Wunder, dass man Leben nennt.

17.01.2014

Das Leben kann so schön sein

Das Leben hat so tolle Seiten,
welche mich fast täglich begleiten.

Eine Sms von einer süßen
und die schlechte Laune wird sich vertschüssen.

Geniale Musik die erklingt,
wo jeder mitsingt.

Energie und Freude im Herzen,
dann ist einfach Zeit zum Scherzen.

Das Leben ist eine geniale Zeit,
wenn man es genießt ist es voll mit Jubel, Trubel und Heiterkeit.

Wenn man sich bemüht, dann trügt nicht nur der Schein,
dann kann das Leben richtig toll sein.

Alles ist spitze,
egal ob Kälte oder Hitze.

8.11.2014

Das Rezept zum Glücklich sein

Zum Glücklich sein,
reicht kein Geld allein.

Was wäre ohne Familie und Freunde das Leben?
Bloß ein da sein eben.

Aber ich habe eine Familie, die zu mir hält,
dass ist es, was wirklich zählt.

Daheim ein guter Film und ist mal ein Fruststau,
kein Problem, dann mach ich mir einen Kakao.

Hilft das auch mal nicht,
sehe ich noch ein Licht.

A flotte Musik hinein
und der Abend kann nicht schöner sein.

Des reißt mich aus dem tiefsten Loch raus,
futsch ist von der Leber die Alltagslaus.

Wo es richtig gemütlich wird und zwar volle Kanne,
dass ist in meiner Badewanne.

Das Rezept zum Glücklich sein kann ich verraten mit gutem Gewissen,
die Kunst dabei ist es, einfach das Leben zu genießen.

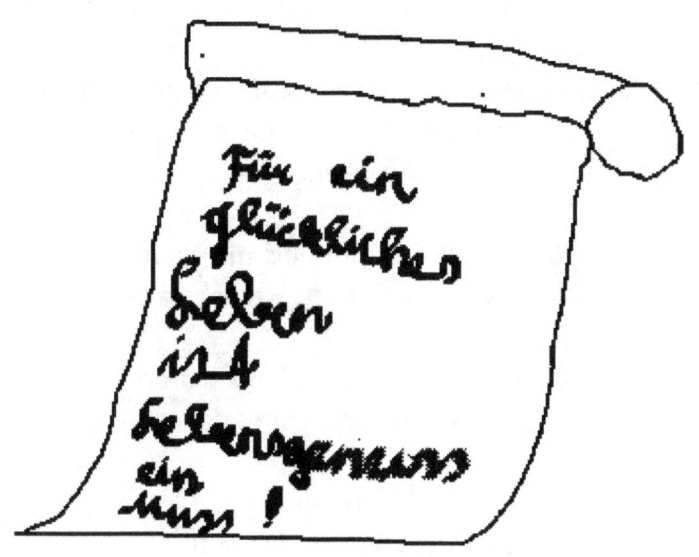

28.06.2012

Der Badewannengenießer

Es ist der Wahnsinn,
wenn ich nicht ganz entspannt bin.

Warmes Wasser rein,
es könnt nicht schöner sein.

Badesalz hinzu
und ich bin entspannt in Nu.

Guter Geruch,
es muss noch warten, das Handtuch.

So schnell wird's nicht gebraucht,
zuerst wird gemütlich ins Wasser getaucht.

Das Badesalzwasser kann man zwar nicht mehr trinken,
aber man kann sich darin waschen, man will ja nicht stinken.

Gewaschen von Kopf bis zur Wade,
doch das ist nicht alles, was ich bade.

Die Füße kommen auch noch dran,
gedunsene Haut kommt dann.

Macht nix,
es vergeht wieder das ist fix.

Irgendwann ist alles aus,
dann muss ich aus dem wässrigen Paradies raus.

Wasser raus lassen, der Wasserstand geht nieder,
macht nix, morgen sehen wir uns wieder.

04.05.2015

Entspannung pur

Ich brauch keine lange Kur,
ein Gedicht mit guter Musik im Hintergrund ist
Entspannung pur.

Schreiben über Sachen,
die mich nachdenklich oder glücklich machen.

Da komm ich von 180 runter
und bin trotzdem munter.

Ja, das baut mich auf
und so bin ich immer gut drauf.

Danke an alle, die für mich da sind,
so das nichts einfach so verfliegt wie im Wind.

Darf ich dann auch meinem Schatz schreiben,
dann möchte ich am liebsten auf Wolke sieben bleiben.

Das ist Entspannung pur,
sowie auch Frischluft und Natur.

08.03.2012

Es lebe die Gemütlichkeit

Es lebe die Gemütlichkeit,
einfach ein bisschen Zeit.

Ein Leben ohne Stress,
Mädels im Bikini ganz kess.

Im Sommer im Liegestuhl,
mit Sonnenbrille ganz cool.

Einen Cocktail in der Hand,
es ist doch warm, da brauchen wir nicht viel Gewand.

Wir sind super drauf,
denn die Sonne und die Mädels heizen auf.

Man kann es nicht oft genug sagen,
immer wieder schön auch einen Flirt zu wagen.

Es lebe die Gemütlichkeit,
Jubel, Trubel Heiterkeit.

So liegen wir da am Strand,
mein Schatzi an der Hand.

So lächle ich sie an,
weil ich bei ihrem Anblick nicht anders kann.

Einfach nur genießen,
ich lass die Freude sprießen.

Zum Schluss nochmals – es lebe die Gemütlichkeit,
ein Aufwind für die Zufriedenheit.

10.09.2013

Faule Haut

Ans is so richtig schen
und es is wos, des glaub i, net nur i kenn.

Kein Stress,
nein, wos sull den des.

Ham kumman, Soch'n umi g'haut
und schon lieg i auf meiner faulen Haut.

Do tua i chill'n
und loss a Musi spiel'n.

Des is so richtig cool
und alles lauft, wie es sein sull.

20.02.2013

Freiheit hoch oben

Je höher man hinauf steigt,
die Welt sich immer mehr von der Vogelperspektive zeigt.

Die Luft ist gut,
die Sonne strahlt hell, dieser Ball, die große Glut.

Sie strahlt so schon mit ihrem Licht,
noch dazu hat man eine ganz tolle Aussicht.

Wer auch Freiheit beweist,
dass ist der Adler, der über dem Kopf kreist.

Die Wanderung,
bringt Körper und Geist in Schwung.

Man fühlt sich frei,
wenn man oben steht, ist man live dabei.

Einfach schön diese Natur,
dass ist Lebensqualität pur.

30.09.2015

Freude am Leben

Wie soll es schöner sein,
wenn trotz Regen leuchtet der Sonnenschein.

Warum das so ist, die Erklärung fällt mir nicht schwer,
im Gegenteil, sie ist sogar leicht und das sehr.

Liebe Leute schaut, wir leben in einem Land, wo
Wohlstand doch recht großgeschrieben wird,
auch wenn man denkt, dass einem immer nur was
Schreckliches passiert.

Wohlstand im Sinne, dass uns auch wenn es nicht
immer leichtfällt,
doch fast jeder etwas behält.

Wir haben das Glück einer Sozialversicherung,
wir dürfen zum Arzt gehen und es wird, wenn geht
geholfen und dies ist eine große Bereicherung.

Wir haben fast alle ein Dach über den Kopf
und wer ein bisschen Gas gibt findet einen Job und
zieht aus einer Krise seinen Job.

Wir haben ein Land welches Schönheit und
Fruchtbarkeit birgt,
wo die Luft noch einigermaßen frisch ist und die Natur
wunderschön auf uns wirkt.

Wir haben zu Trinken und zu essen
und werden im Normalfall von Familie und Freunden
nicht vergessen.

Die meisten,
können sich sogar etwas Luxus leisten.

Wenn das alles passt,
lieber Mitmensch, glaubst du nicht, dass du sowieso
alles hast?

Deshalb kann's für mich auch wenn es mal schwierig
ist, für mich nur eines geben,
nämlich Freude am Leben.

05.04.2006

Frühling, du bist da, nah und fern,
Frühling, ich habe dich gern.

Die Vögel wieder lieblich singen,
die Pollen durch die Lüfte schwingen.

Vielen Leuten schnüren sie die Kehle zu,
die Pollen lassen manchen Menschen keine Ruh.

Frühling du bist die Zeit der schönen Tage,
und trotz deiner Pollen Plage,

werden viele Menschen draußen stehen,
und sich wünschen die Zeit soll nie vergehen.

Doch Frühling du bist wieder da,
Frühling du bist uns so nah.

Die Tage werden wieder länger,
und der Duft von Blumen wieder strenger.

Frühling, eine schöne Zeit,
die Menschen machen sich für die Arbeit auf den Äckern bereit,
Frühling ist hoffentlich die Zeit mit wenig Leid.

Jetzt ist wieder die Zeit,
wo ich mein Fahrrad verwende,
denn es ist Frühling ohne Ende.

Dieses Gedicht habe ich in der Schule im Deutschunterricht geschrieben.
Wir haben uns über das Thema Frühling ein Gedicht aufgeschrieben und dann selbst über den Frühling ein eigenes Gedicht geschrieben.

Für Sparverein Wandertag am 23.10.2004

Da heitige Wandatog

Wos is'n des für a Menschenverkehr?
A schau a poor Wanderer keman za uns her.

Heut kima essen und trinken,
und erst wenn's spät is zum Hoam geh'n winken,

oba es is no net so spät, drum hoff i,
das ned schon hoam zua geht.

Drum Leidl`n duaz Loch`n und seid's guat drauf,
dann leg'n die Musikanten no a guate Plott'n auf.

Da Herr Ober hot no mehr Bier,
des is guat denn so bleib ma bis morgen in da Friah.

Viel Spaß weiterhin und duat's schen lochan,
dann kon i ban ausschenken und a poor ban
Brotstreichen
weitermochan.

16.08.2013

Herz was willst du mehr

Draußen ist es schön und warm.
Die Damen sprühen mit ihrem Charme.

Die Damen in ihrem kurzen Kleid,
genau deshalb tut mir die Hitze nicht leid.

Beim Wirten ein Grillteller
und mein Herz schlägt schneller.

Ein Eis in der Diele,
Sorten gibt es ganz viele.

Die Musik spielt toll und das sehr,
Herz, was willst du mehr.

26.04.2012

Kan Bock

Monchmol hot ma kan Bock,
muasst aufstehen host schon an Schock.

Hilfe, ma muass sich bewegen,
monchmol hot ma anfoch wos dagegen.

Denn anzigen Bock den i hob, hob i g'schossn,
am besten is, die Aug'n bleib'm g'schlossn.

Ma mog anfoch net
und oll's is da z'bled.

Sull i's riskieren, in die Orbat zu marschieren?
Es spricht nix gegen's probieren.

Do schau, da Kollega is guat drauf,
der baut mi grod vull auf.

Noch da Hock'n zum Schatzi geh'n,
i mog net furt, sie wird's versteh'n.

I gib ihr a dickes Bussi,
masier ihr as Fußi.

Und sog: „Schatzi mochts da wos aus?
Mit'n furt geh'n es wird heit nix draus.

So lieg ma vorm Fernseher,
als ob des net a wunderschen wär'.

Sie gibt ma a Bussi und dann schlof ma ein,
genauso sollt's an an Null Bock Tog sein.

Da neie Tog, wird scho mehr bringen,
wer waß, vielleicht mecht i jo durch die Lüfte springen.

19.09.2011

Lässiges Leben

Viele Menschen würden alles dafür geben,
könnten sie im siebten Himmel schweben.

Der siebte Himmel hat immer was mit der Liebe zu tun,
was ist, wenn ich mich immer so fühle? Was nun?

Ich denke, es ist kein Problem,
es ist sogar richtig bequem.

Warum das so ist,
na ja, du bist selten angepisst.

Fühlst dich immer wohl,
es läuft alles wie es soll.

Bist in der Birne manchmal hohl
und es ist toll.

Das Ganze ohne Alkohol,
gehst durchs Leben in Tour und nicht in Moll.

Ganz einfach, dir geht es gut,
vor schlechter Laune immer auf der Hut.

Jemand ist gemein,
dass kann schwer möglich sein.

Mit guter Musik im Ohr,
rückst du immer weiter vor.

Mit dem Alter ein Problem,
das gibt es nicht und außerdem.

Man ist nur so alt, wie man sich fühlt,
ich bin halt einer, der immer in seiner schönen Kindheit wühlt.

Ist das Leben auch mal stressig,
kein Problem, es ist trotzdem immer lässig.

27.08.2012

Mein schönster Tag

Jeder Tag im Leben,
kann dir was Wunderschönes geben.

Der schönste Tag tritt oft auf,
deshalb bin ich immer gut drauf.

Einer der schönsten Tage ist Weihnachten,
wo wir uns gegenseitig nicht nur Geschenke, sondern auch Frieden brachten.

Aber ein schöner Tag ist es auch,
wenn ich Unterstützung von meinen Freunden brauch.

Sie sind immer für mich da,
bin ich auch fern sind sie mir im Herzen nah.

Schön ist es auch, wenn man helfen kann,
die Freude zieht mich in einen Bann.

Der schönste Tag, wenn ich meine Freundin umarmen darf,
denn sie ist hübsch, süß und scharf.

Wenn ich bei dir bin, ist der schönste Tag,
weil ich dich so mag.

Wie auch immer,
mein schönster Tag kommt immer wieder und vergeht nimmer.

13.03.2015

Mit a bissal Spaß wird's Leben klass

Host im Leben a Gaude,
glaub ma des taugt olle Damen egal ob Meli, Lisa oder Traude.

Bist do des Lebens froh,
jo dann geht's richtig oh.

A bissal a Mut,
tuat bei sowos sogor gut.

Jo dann geht's rund,
ans muass i zua geb'm, jo mir san Hund.

A Auto ohne Reifen kau net fohr'n,
für Bledsinn moch'n san mir gebor'n.

Hom vom Freind die Reifen vasteckt,
na der hot g'schaut wie er's hot checkt.

Die Uhr homma vastöllt
und wie da Lehrer kummen is hot irgendwer: "Pause!"
gröllt.

An vollen Tank vom Moped ausg'saut,
an Besitzer hat des vor kurzem volltankte und doch
leere Moped net taugt.

Am Abend in der Disco muss das Tanzen sein
und a Bussal vom Sonnenschein.

* Gedicht frei erfunden.

01.08.2013

Regenbogen

Wenn es regnet und trotzdem die Sonne scheint,
dann kann sein, dass sich eine Vielfalt von Farben
vereint.

Rot gelb und blau:
„Ist der Bogen nicht wunderschön? Schau!"

Ein Phänomen der Natur,
Farbe und Schönheit pur.

Zusätzlich gibt es noch eine Frage:
„Ist am Ende des Regenbogens wirklich ein Schatz? Wie ist dort diese Lage?"

Dann sollte es auch noch diese Kobolde geben,
die auf den Schatz aufpassen eben.

Es bleibt ein Geheimnis, was am Ende ist,
aber eines ist sicher, dass du, wenn du einen siehst erfreut bist.

Der Regenbogen, eine Freude im Leben,
genieß ihn, denn den Regenbogen wird es eher selten geben.

Genieße den Anblick,
das ist von der Natur, ein wunderschöner Blick.

17.09.2014

Samma mol ehrlich

Samma mol ehrlich,
mei Leben is herrlich.

I bin zwor ka Blitzbirn,
hob leider net wirklich vü im Hirn.

Bin ka Schenheit, owa wos mei Leben so schen mocht,
is da Grund, warum a Männerherz pocht.

Leitl'n gonz in Vertrauen,
i steh vull auf Frauen.

03.03.2014

Schlupfloch

Irgend a Schlupfloch losst si imma finden,
und so kaunn sich a as größte Bengerl, so wie i durchwinden.

Steh i irgendwonn vor unserem Herrn,
brauch i net vül erklären.

I sog ihm anfoch des, wos i eich jetzt dazöhlt hob
und damit find i mi ob.

Nämlich wos kaunn's den schöneres geb'm,
als a geiles Leb'm.

28.05.2006

Im Sommer ist es meistens sehr heiß,
im Sommer rinnt so mancher Schweiß.

Im Sommer kommt die Lust aufs Reisen,
im Sommer ist die Zeit um die Sonne zu preisen.

Man schleckt so manches Eis,
auch das Schlecken ist nicht immer leis.

Im Sommer ist es meistens warm,
doch so manche Menschen reizt der Darm.

So ein warmer Sommertag bringt viel Freude,
am besten ist es, wenn ich meine Zeit draußen vergeude.

Die Katze draußen in der Sonne pennt,
so mancher dafür die schöne Zeit bekennt.

Freude, es ist eine schöne Zeit da,
es ist wirklich Sommer, ja.

12.07.2013

Sonnenbad

Wenn's draußen schön und worm is,
san die meisten draußen, des is g'wiss.

Zum drinnen sitzen ist es fast schad',
die meisten liegen eh im Bad.

Mit an Handtuch
und an Lesebuch.

Die Kinder toben im Wasser,
auch die trockenen werden von Zeit zu Zeit immer nasser.

Sogar ohne Wasser, weil bei der Hitze,
kommt er gleich der Schwitz.

Die Haut wird dunkler oder sogar rot,
aufpassen, wennst an Sonnenbrand hast des tut weh
und man ist in Not.

Die Damen mit Bikini
und die anderen mit ihren Mini.

Alle ein schöner Anblick,
alle total schick.

Sommer, Sonne, Strand und Eis,
schnell schlecken, denn es ist heiß.

Sonst schärft die Biene,
ihre Sinne.

Sie sind ganz klug
und sind im Anflug.

Weil auch sie mögen Eis und kommen her,
wenn sich an patzt irgendwer.

Der Sommer ist eine schöne Zeit,
wir Menschen sind erfüllt mit Heiterkeit.

22.06.2015

Utopie für mi

A wunderschöne Wohnung,
a Platzal zur Nervenschonung.

A Auto zum Herum fohr'n,
a bissal a Göld zaumspor'n.

An Traktor start'n,
i kriag a fesche Freindin sog'n die Kart'n.

An Job für mei ehrlich verdientes Göld,
Freinde in dieser Wölt.

An Ort wo's mir richtig gut geht?
Wer glaubt, dass des in die Sterne steht.

In meiner Wohnung bin i immer gern,
bei meinem Schatz, was i dass ma zommen g'hern.

Da Traktor laft a bei mir mit Diesel,
mei gölb's Auto rennt wie a Wiesl.

Des san Tatsachen und des is ka Utopie,
na, net mehr für mi.

30.01.2015

Voller Euphorie

Ich bin glücklich wie noch nie,
ich bin voller Euphorie.

Alles läuft einfach spitze,
da fühlt man eine angenehme Hitze.

Man möchte Bäume ausreißen,
ja, man möchte alles was man kann beweisen.

Man möchte, dass diese Zeit nie vergeht,
da totales Glück im Vordergrund steht.

Ein Tag der bleiben soll, wie er ist,
dass ist ein Tag, den man einfach nie vergisst.

08.04.2015

Wo führt das bloß hin

Am Start eine Stärkung,
die bringt das Ganze in Schwung.

Knusprig und rund
und sogar ganz gesund.

Was kann das sein?
Etwas Süßes oder trügt doch der Schein?

Stärkung entdeckt,
ob es mit Abenteuer noch besser schmeckt?

Dieses Gedicht führt zu verschiedene Ziele.
Eines kann man verraten, es sind wirklich viele.

Das erste Ziel,
es führt zu einem Land, wo man die gleiche
Muttersprache spricht, dieses Land hat Stil.

Achtung! Man bekommt bitte bloß kein Bauchweh,
denn beim zweiten Ziel bewegt man sich auf flüssigem
Untergrund. Dies ist kein Schmäh.

Der Staat über welchen wir jetzt reden,
der ist geographisch hoch oben und gefällt glaube ich fast jeden.

Es geht weiter im Norden dort soll es auch sehr schön sein,
der Name der nächsten Anlegestelle, klingt fast wie "sinkender Sonnenschein."

Will man im nächsten Land strawanzen,
muss man vielleicht zu "Kalinka" tanzen.

Am zweiten Tag könnte man das Nationalgericht empfehlen,
eine "Borschtsch" darf nicht fehlen.

Weiter geht es wieder in eine Hauptstadt, die war früher Mal als die Stadt "Reval" bekannt,
jetzt haben wir welches Land?

Das nächste Reiseziel ist ebenfalls im Norden und reimt sich auf die Liga.
Nur zur Info, was ich weiß gibt es dort keine Tiger.

Beim nächsten Halt bleibt man im Baltikum, darauf kann man vertrauen,
aber man will sich ja alle drei Staaten anschauen.

Nördlich bleibt man beim nächsten Ziel, doch man will eine Reise doch auskosten,
also ab, ganz in den Osten.

Eines weiß man ganz genau,
diese Hauptstadt ist zwar diesmal nicht das Reiseziel,
doch die Hauptstadt dieses Landes nennt sich
Warschau.

Dann geht es weiter auf dem Wasser,
nur duschen ist nasser.

Zurück zum Ursprung wo die Reise begann,
man hofft, dass man dadurch viele tolle
Sinneseindrücke gewann.

Zum Schluss noch etwas, was beim Reisen unterstützt
und ein Teil, welches vor Nässe schützt.

Ein Schatz fährt mit,
denn reisen ist erst zu zweit ein Hit.

Vom 31. Mai 2015 bis 11.06.2015 wird die Reise dauern
und es wird in jedem Land was spannendes, neues
Lauern.

23.12.2011

Wünsche frei

Hätte ich Wünsche frei,
dann wärst du live dabei.

Ich zaubere dich herbei,
dann bin ich nicht mehr allein, dann sind wir zwei.

Das wäre perfekt,
weil eine heiße Schokolade zu zweit viel besser schmeckt.
Die Anwesenheit und von der hübschen Dame der Anblick,
sag du bist so wundervoll, ist das ein Zaubertrick?

Egal ob voll gekleidet, oder im Bikini,
du bist meine Jeanny.

Du verzauberst mich jedes Mal,
ich habe keine Wahl.

Du bist ein Traum,
du bist wundervoll, du bist süßer als jede Rolle mit Schaum.

Du bist mehr wert als Gold,
wegen dir schlägt mein Herz mit tausend Volt.

Hätte ich Wünsche frei,
wärst du Wunsch Nummer eins, nicht Nummer drei.

17.07.2011

Feierabend

Denn ganzen Tag in der Arbeit,
es ist eine lange Zeit.

Heute haben wir schon so viel gemacht,
der Feierabend ist angebracht.

Egal ob bauen, malen oder kochen,
im Jahr machst du es viele Wochen.

Für sehr viel Fleiß,
ist Geld und der Feierabend der Preis.

Am Abend ist Schluss mit den Qualen,
du musst auch mal Leben und der Wirtschaft was Zahlen.

Ohne Feierabend würde es nicht gehen,
man kann manchmal schon nach acht Stunden kaum stehen.

Am Feierabend, dass ist klar,
da werden dann die Träume wahr.

Gehst du mit einer Dame fort,
wechselst du mal denn alltäglichen Ort.

Dann,
bist du erfüllt mit mehr Elan.

Wenn du das Gefühl hast, es reicht,
brauchst du eine Pause und die Arbeit ist wieder einigermaßen leicht.

Action

19.06.2013

Alarm

Wenn es nerv tötend erklingt,
schaut jeder, dass er sich nach draußen bringt.

Die Feuerwehr im Anmarsch,
Schlauch her und: „Wasser marsch!"

Löschen, bis es nicht mehr brennt,
die Gefahr doch jeder kennt.

Lüften, keine gute Idee,
dann brennt's noch mehr, ohne Schmäh.

Wichtig ist, Ruhe bewahren
und auf dem Sammelplatz ausharren.

18.12.2013

Alarmstufe Blau

Bist du bei der Rettung, ein Sanitäter weiß genau,
wird's brenzlig, dann heißt es Alarmstufe „Blau"

Ertönt der Piepser,
sollte die Mannschaft „on the Road" sein nach einen Schnipser.

Navigation bitte verlasse mich nicht
Und führ mich so schnell zum gewünschten Ort mit Blaulicht.

Mit Elan geht es ans Leben retten,
gute Versorgung bis hin zu den Krankenhausbetten.

Aktion pur.
Qualität und Vollgas zählen hier nur.

Denn nach Alarmstufe „Blau" und Alarmstufe „Rot",
folgt im schlimmsten Fall der Tod.

Den gilt es zu entrinnen
und somit das Leben zu gewinnen..

Das haben die Sanitäter drauf,
den Kampf um Leben und Tod geben sie so schnell nicht auf.

07.05.2015

Beruf Mama

Alles beginnt mit der Geburt vom Kind,
egal ob Mädchen oder Bub, die Eltern sind hurtig und schnell wie der Wind.

Ist so ein kleines Menschlein durstig und hat auf Milch Lust,
dann bitte her mit Mamas Brust.

Brauchen wir Geborgenheit,
ist die Ansprechpartnerin die Mama mit Sicherheit.

Brauchen wir eine persönliche Krankenschwester,
ist Mamas Rat bester.

Die beste Putz- und Hausfrau,
ist die Mama das wissen wir genau.

Modedesigner,
ist Mama meiner.

Da ist noch was ich schwör,
sie ist sogar mein Friseur.

Durch Beziehungsberatung,
bleibt die Liebe immer jung.

Dies und da ist noch viel,
steht in Mamas Berufsprofil.

Danke Mama, dein Beruf ist sehr schwer,
wir lieben dich sehr.

11.11.2015

Dann gemmas aun

In da Fruah host as fade Aug, wal da Wecker schreit,
des launge auf bleiben gestern wor net g'scheit.

Kralst auf, als ob du no nie g'schloffen hättest
und hoffst, dass du die mit a Dusch no rettest.

A Kaffee,
in der Fruah kaunn a helfen ohne Schmäh.

Im Schneckentempo rein ins G'wond,
na des is jo scho ollerhaund.

A Blick auf die Uhr,
du kneiffst die Augen zua.
Derf denn des wor sein?
I sullt jo scho fost in der Firma sein! Des geht ma jetz
net ein!

Sochen g'schnappt,
dann kaunnst nur hoffen, dass des no klappt!

Dann gemmas aun, koffern bis zum geht net mehr,
des oller Fruah, des treibt an Kreislauf sehr.

Olles g'schofft
und zur rechten Zeit in Computer eini gofft.

Am Abend gemma a bissal blödeln
und genießerisch herumtrödeln.

Ein Blick auf die Uhr,
und i moch scho wieder die Augen zua.

Scho wieder so spät,
wie des bloß geht.

Wos die Zeit wohl gegen mi hot,
so is morgen wieder der gleiche Trott.

28.12.2015

Dann pack ma's beim Schopf

Ideen im Kopf,
pack ma's beim Schopf.

Gemeinsam sind wir stark
und kein faules Pak.

Wir gehen's an
und zeigen, was in Menschen stecken kann.

Wir geben Gas,
dass Endergebnis ist spitze und das ist voll krass.

Geben wir Power und zeigen was drinnen steckt,
dann haben wir ein gutes Endergebnis entdeckt.

15.09.2014

Dann rinnt ohne Scheiß der Schweiß

Ist draußen eine Hitze,
dann ist es klar, dass ich schwitze.

Doch nicht nur wegen der gewohnten Hitze rinnt ohne Scheiß,
der Schweiß.

Wenn du ordentlich arbeitest,
von früh bis spät deine Aufträge nachgehst.

Dann rinnt ohne Scheiß,
der Schweiß.

Hast du was Falsches gegessen,
oder dich bei der Portion vermessen.
Dann rinnt ohne Scheiß,
der Schweiß.

Bist du schüchtern und ein Mädchen will einen Kuss von dir,
du willst es auch doch du redest ganz wirr.

Dann rinnt ohne Scheiß,
der Schweiß.

Willst du dann mit dem Mädchen durchbrennen ohne Wiederkehr
und du kommst drauf, sie hat einen Freund und das ist ein stämmiger Herr.

Dann rinnt ohne Scheiß,
der Schweiß.

Willst die Situation beschwichtigen. Dann rinnt ohne Scheiß,
der Schweiß.

24.02.2016

Das Leben ist ein Abenteuer

Wenn du es durch die erste Zeit schaffst und es ins Leben schaffst,
wird es Zeit, dass du diese Tatsache raffst, dass du leben darfst.

Das ganze Leben ist ein Abenteuer,
egal ob voriges Jahr, nächstes oder heuer

Es wird immer Überraschungen bringen,
manchmal muss man nachgeben, doch das Meiste wird gelingen.

Du wirst Spaß haben,
du wirst geben und du wirst bekommen viele Gaben.

So manches wird dich ins Grübeln bringen,
du wirst weinen, lachen und singen.

Musik wird dein Leben bereichern,
du wirst wertvolle Informationen speichern.

Du wirst Feste feiern,
doch Achtung, zu viel Alkohol bringt dich zum Reiern[2].

Du wirst manch Unheimliches durchleben
und einfach genießen und Gas geben.

Du wirst arbeiten und Freizeit genießen
Und es kommt die Zeit, da werden Herzen vor Augen sprießen.

Wenn du dann deinen letzten Weg gehst,
kannst du auf eine schöne Zeit zurückblicken, wenn du verstehst.

---

[2] In diesem Sinne = sich übergeben müssen, kotzen

07.11.2014

Der Tipp is haß

Der Tipp is haß
und des wär' sogor richtig klass.

I brauch a Gas,
des wär' echt krass.

Dann liabe Leit, warad's mit da Trödlerei,
vorbei.

Dann gangat wos weita,
des wär' echt vü g'scheita.

Die Orbeit tat dahin geh'n
und es würd' a onderer Wind weh'n.

I wär' net immer hint'n noch
und mei Leistung net gonz so schwoch.

Man braucht net nur davon traman,
ma kau jo amol umraman.

Einige Soch'n bedürfen a Verbesserung,
dann is do scho drin vü mehr Schwung.

Guate Ratschläge zu Herzen nehman,
dann wird a as Tempo kemman.

27.01.2016

Die Diva mit dem Lampenfieber

Eine Dame, hübsch bekleidet ist sie,
ihr schlottern die Knie.

Ja sie soll nun auf die Bühne und etwas Singen,
damit die Zuseher das Tanzbein schwingen.

Die Band die steht bereit
und hat zum Spielen Zeit.

Die Dame die sich hinter dem Vorhang versteckt
und mit dem Lampenfieber aneckt.

Hat etwas bedenken:
„Werden sie mir Aufmerksamkeit schenken?"

Durch ihre Schönheit sehr wohl,
doch finden sie auch ihre Stimme toll?

Der Vorhang geht auf
und die Scheinwerfer leuchten direkt auf sie drauf.

Etwas zaghaft geht sie nach vor,
da beginnt auch schon zu singen der Chor.

Ihre Stimme setzt ein,
das kann doch nicht so schlimm sein.

Siehe da durchs Publikum geht ein positives Raunen,
die Dame bringt sie alle zum Staunen.

Das Lied ist aus, das Publikum schenkt ihr Beifall,
so wird der Auftritt lustig und keine Qual.

Das Lampenfieber war nicht ganz zurecht,
denn die Zuhörer freuen sich, ja echt.

So geht es mit der Singerei weiter
und die Dame ist nun heiter.

28.12.2015

Die Lunte brennt

Da geht's heiß her,
alle sind gespannt und freuen sich so sehr.

Die Nacht ist Sternen klar,
und man sieht so schön die wundervoll beleuchtete
Gegend.

Stange steckt,
Feuerzeug entdeckt.

Ratsch, es brennt,
die Lunte auch, Ohren zu weil was jetzt kommt ein
jeder kennt.

Bumm, klesch!
Blick zum Himmel, meine Güte is des fesch!

Die Rakete platzt, Farbe sprüht,
und jedes Auge funkelt und glüht.

So wird das neue Jahr begrüßt,
während sich das alte vertschüsst.

19.09.2015

Do kocht's do siad's

Bei unserem Laund,
is ans bekaunnt.

Jo do geht's gonz schen rund,
wir Steirer megen's bunt.

Da Aundraung is groß,
wal ba uns is meistens wos los.

Gibt's an Taunz im Dorf,
darauf san olle schorf.

Dann san die Buam außa brezelt, die Dirndl'n g'stylet,
beim Bierstaund wird sich beeilt.

Die Wirschtl gehen weg, wie worme Semmeln, do wird
g'feiert wie noch nie,
olle san vuller Energie.

As Bluat do kocht's, do siad's,
wegen den Mädels passiert's.

Dei himmeln die Burschen aun,
dass mas gor net glauben kaunn.

Und daunn wird draht,
nana, heit am Obend wird's net fad.

So geht's rund bis zum ersten Sonnenstrahl,
owa bis dorthin is no mindestens hundert Mal Damenwahl.

07.01.2015

Die Stimmung beim Sendungprogrammieren

Wenn sich Stimmung und Freude verlieren,
dann muss man eine Sendung programmieren.

Hörst du
und tolle Interviews, die sind richtig schick.

Dann geht die Stimmung hoch
und aus ist es mit dem Stimmungsloch.

Dann geht es richtig rund,
ich finde, dass ist gesund.

Hast du eine Sendung erschaffen,
ist es ein Schmaus für die Ohren, mal nichts zum Gaffen.

Erlaubt der Chef Mister Alex,
einen besonderen Keks.

Dann darfst du Lieder aussuchen.
Entweder die Sau raus lassen, oder den Flug auf Wolke sieben buchen.

Kannst du den Beat im Radio spüren,
dann darf man sich auch mal ordentlich aufführen.

Das Gute daran,
das ist, dass man dich zwar hören, aber nicht sehen kann.

So freue ich mich und stampfe auch mal mit den Füßen und liebe Leute, der Herr A. und ich dürfen euch aus dem Radio grüßen.

22.05.2014

Es brennt

Wenn sie nur vorbei wandert,
bleibt nichts unversehrt.

Bleibt sie stehen,
kann man das Blut der Männer brodeln sehen.

Sie werden rot,
brauchen Wasser, sonst sind sie in der Not.

Sieht man sie zu lange an,
dann brennt innerlich der Mann.

Sie ist so heiß,
dass sogar die stärksten Männer vor ihr niederbrechen,
dass ist der Beweis.

Wird es so heiß, dass es brennt, holt die Feuerwehr,
sie ist heiß, und das sehr.

Also gib Acht,
dass sie das Feuer in dir nicht auch noch anfacht.

17.06.2015

Es muass brennen

Es werd'n vüle kennen,
wenn's wos schoffen wüllst, dann muass da Wunsch in dir brennen.

Dann geht fost olles,
dann kriagst extreme Energie im Foll des Folles.

Dann pockst as so richtig aun,
dass es da Nochbor, der di gor net so kennt fost net glauben kaunn.

Dann geht's rund, dann gibst Gas,
as Resultat, des wird klass.

Des host dann sölwa g'schoffm,
bei uns is es jo klass, es steht oan jo fost olles offen.

Wie ma wos schofft, is komplett egal,
wichtig is nur zur Erreichung der Ziele die richtige Hülf und so monche richtige Wahl.

Ma mir is es zum Beispü so beim Dichten,
wennst net wirklich wüllst, wirst ka g'scheites richten.

Owa wenn's in dir brennt,
dann kummt ausa, wos jeder kennt.

A fetziges, witziges Geschreibsel,
wos hoffentlich a bissal Mut und a witziges Verbleibsel.

Jo des is klass, wenn a Idee im Hirn brennt,
dann is ma ausg'schloffen und ma hot auspennt.

26.01.2012

Es soll Spaß machen

Egal was man auch macht,
wichtig ist es, dass man dabei auch mal gerne lacht.

Arbeiten muss jeder,
Der eine schleppt schwere Ziegel, der andere schreibt
mit einer Feder.

Der eine fertigt einen neuen Hut,
der andere zeigt bei der Rettung jede Menge Mut.

Der Kabarettist macht seinen Schmäh,
auch Putzen tut nicht weh.

Der Bauer mäht seinen Klee,
der Matrose fährt auf hoher See.

Der Babysitter passt gern auf Kinder auf,
auch ein Buschauffeur hat es drauf.

Die Kassiererin,
achtet stets auf viel Gewinn.

Es soll viel verkauft werden,
Handel ist sehr wichtig auf Erden.

Egal was man tut, es soll Spaß machen,
lass es ruhig während der Arbeit mal krachen.

Locker die Stimmung auf,
nimm ein paar Witze in Kauf.

Du wirst sehen, die Aktivität erhöht sich,
Spaß und Freude sind wichtig für mich.

29.03.2012

Gemma gemma

In da heitigen Zeit geht's gonz schön rund,
monchmol stresst sogor der Hund.

Gemma Gemma, gib Gas,
Zeit is Göld, des Thema is haß.

Da Chef draht auf,
do muass i aufpass'n, dass i mi noch da Schicht net nieder sauf.

Onzah'n,
jede Aufgob erfüll'n sogor die gonz schwah'n.

Gemma, gemma, zah aun,
i tua eh scho so schnell i kaun.

Achtung vorm Blackout,
wal do wird dann oll's umi gehaut.

Dei Situation is beschiss'n
Und da Chef hot an Orbeiter weniger, den wird er vielleicht vermiss'n.

Aus wölchem Grund, as Göd für wess'n,
für wen sull ma uns so stress'n.

Für'n Stoot,
der am Ende eh ka Göd hot?

Na liaba schen in Ruah,
bevor i ma vielleicht a no weh tua.

Da Chef hot zerst g'locht,
owa i hob in Ruhe vü mehr g'mocht.

Klor, i hob vü weniger verhaut
und mi weniger verschaut.

Also es hot scho an Sinn,
wenn ma aus is auf Gewinn.

02.12.2015

Gib anfoch nur Gas

Wennst her hängst
und bloß nur noch denkst.

Dann is ans fix,
dann kummst zu nix.

Du muasst deine Ziele aungeh'n
und dahintersteh'n.

Wüllst du wos mochen
und du tuast es nur vor dich her schiab'm Wochen für Wochen.

Dann kau i dir glei erklär'n,
daunn wird daraus nix werd'n.

Desholb gib anfoch nur Gas
und as Resultat is dann lässig und krass.

Dann kaunnst stulz auf di sein,
des Werk is dann dein.

13.11.2012

Habt Acht

Aller Früh geht's los,
das unerträgliche Geschreie, was soll das bloß!

„Tagwache!"
Ich soll aufstehen? Das ich nicht lache.

Ich drehte mich noch einmal um,
da hörte ich schon ein lautes „Bumm".

„Rekrut,
ich zieh vor dir den Hut."

„Wie kann man sich nur so dermaßen widersetzen?"
Ich sah ihn verschlafen an und meinte: „Herr
Feldwebel, jetzt Werdens mich doch nicht hetzen!"

Gemütlich, stand ich auf
und so nahm alles seinen Lauf.

Er knirschte schon die Zähne zusammen,
da fand er unter meinem Bett auch noch
ungewaschene Socken und ich sprach: „Ich weiß nicht
woher die stammen."

Mit hochroten Kopf
und hervorgetretenen Kropf schrie er: „Raus hier!"

Zehn Runden auf der Stelle,
um den Fußballplatz auf die Schnelle!"

Ein: „Muss das sein?",
brachte mir auch noch einen Wochenenddienst ein.

Also bei der Truppe „Habt Acht!"
Wird vorm Sprechen und Handeln lieber vorher
nachgedacht.

Hat man im Schädel kein Hirngespinst,
erspart man sich so manchen Wochenenddienst.

30.10.2012

Heit reiß ma Bäume aus

Da Tog is wunderschen
und i denk immer wieder an die Damen die i kenn.

Dazua no dieser Sonnenschein,
schener kaunn a Morgen net sein.

I hob des Gfühl und i g'spür gonz tiaf in mir drin,
dass i heit Energie geladen bin.

Die positiven Gedanken,
die in meiner Geisteskraft schwanken.

Die bringen mich zum Entschluss,
mit Trübsal blos'n is heit Schluss.

Heit gemmas aun, heit reiß ma Bäume aus
Und mit dieser Entschlossenheit wird bestimmt wos draus.

Schlussendlich dann,
start ma mit Elan.

21.02.2014

Hier und jetzt

Ich möchte meine Freundin sprechen hier und jetzt,
doch das Telefon sagt, dieser Anschluss ist besetzt.

Na gut denk ich, dann fahr ich halt zu ihr hin,
ich muss sie sehen, weil ich so verliebt in sie bin.

Somit sitz ich im Bus und höre: „Fahrscheine bitte! Hier und jetzt."
um ihn zu suchen habe ich mich ganz schön abgehetzt.

Der Kontrolleur meint: „Für nicht brave,
gibt es eine saftige Strafe.

„Fahrschein bitte hier und jetzt!"
Vor Entsetzen habe ich mich dann hingesetzt.

Sehr geehrter Herr Kontrolleur, ich kann ihn nicht finden,
versuchte ich ihn beschämt auf die Nase zu binden.

Wo er ist geht mir nicht ein,
ich habe einen gekauft, doch der muss mir aus der Tasche geflogen sein.

„Fünfundsechzig Euro hier und jetzt,
denn sie haben ein Gesetz verletzt."

Voller Scham mach ich eine Handbewegung eine rasche,
und schau in meine Brieftasche.

„Herr Kontrolleur, meinen Sie um meine Schulden zu begleichen,
wird ein zehner reichen?"

Ich blickte ganz doof,
doch er meinte ganz schroff:

„Her mit dem Geld hier und jetzt,
weil es sonst was setzt.

„Aber ich kann nicht mehr hergeben, als ich hab',
mein Herz ist schon voll auf Trab."

Somit stellte er mir einen Erlagschein aus
und bei der nächsten Haltestelle stieg ich aus.

Nicht mehr weit, bis zu meinem Schatz,
vergessen wir die bösen Dinge ratzfatz.

Ich will mein Schatzi umarmen hier und jetzt,
deshalb bin ich schnell zu ihr gehetzt.

Doch welch Graus,
es war umsonst, mein Schatz war nicht zu Haus.

Abheben tut sie grad nicht, was soll ich tun,
mir bleibt nichts Anderes übrig als heim zu fahren und
mich vorm Fernseher auf der Couch auszuruhen.

13.09.2014

I brauch a Gas

Es is zwor schen, wenn's amol a bissal ruhiger owa geht,
nur zu ruhig is a wieder bled.

Es is sponnend und a teilweise krass,
owa i brauch mei Gas.

Es muass a bissal wos los sein,
nur wer Gas gibt geht in die Geschichte ein.

Desholb nur net z'vü liegen auf da Haut,
lasch wird der, der si nix traut.

Des mecht i net wirklich werd'n,
um as Leb'm zu genießen, dafür san wir auf da Erd'n.

Ma muass as Leb'm mit Schwung genieß'n,
nur bei dem kau die Freude sprieß'n.

Ob geht die Post,
fertig samma mit da Rost.

A Ruah,
homma[3] später no g'nua.

---

[3] homma = haben wir

Desholb gemma Leb'm, dann homma Spaß,
wir brauchen unser Gas.

13.08.2012

Ich bin dabei

Zum Kuscheln gehören immer zwei
und ich bin dabei.

Gibst du mir einen Kuss,
werde ich bei dir sein, es ist muss.

Putzt du dich raus,
dann gehen wir aus.

Geht die Party ab,
wird gefeiert und nicht zu knapp.

Stehst du im Rampenlicht,
ist für mich natürlich Anwesendheitspflicht.

„Warum zieht es mich so zu dir hin?"
Die Antwort ist ganz einfach: „Weil ich unglaublich stolz
auf dich bin."

Wegen dir steht mein Leben niemals still,
du bist alles was ich will.

19.05.2014

Im Herzen samma Rocker

Ans is wohr,
mir hom kane longen Hoor.

Trotzdem is ans richtig guat,
wir hom Lebensfreid und Muat.

Is wo a Gaude, dann samma live dabei,
des geht net ohne uns vorbei.

Im Herzen homma Power und mir san guat drauf,
a fetzige Musi baut uns auf.

In da Lederdress
und auf da Maschin' hom wir kan Stress.

Do samma gern dabei,
wal do fühl ma uns frei.

09.03.2012

Immer für Blödsinn zu haben

Viele sind gescheit, haben Geld und viele andere Gaben,
ich bin dafür immer für Blödsinn zu haben.

Gibt es irgendwo Spaß,
dann gebe ich Gas.

Dort dabei zu sein,
hat für mich die gleiche Wirkung, wie für einen anderen ein ganzes Fass Wein.

Ich tobe mich völlig aus,
dann wird ein schöner Abend draus.

Schütte mich aber nicht mit Alkohol zu,
sonst lässt mir mein Kopf keine Ruh.

Der tut dann weh,
ganz ohne Schmäh.

Deshalb lass ich es lieber und sauf lieber Saft,
im schlimmsten Fall sogar Wasser, wie der Bieber.

Auch ohne Alkohol,
fühle ich mich wohl.

Ich füll mich ab mit Schmäh und Witz,
zumindest eine Gabe, die ich besitze.

Nur damit ihr es wisst, ich bin zu jeder Zeit,
für einen Schmäh bereit.

09.04.2012

Jeden Tag ein Abenteuer

Jeden Tag ein Abenteuer
und es ist nicht mal teuer.

Mit guter Musik,
hast du auch bei viel Arbeit den Überblick.

Ist Schatzi da, ist es Abenteuer pur,
was mir dann noch wichtig ist, ist sie nur:

Ist mal nichts los,
was machen wir dann bloß.

Dann spielen wir „Crocodile Dundee",
ich weiß, dass glaubt ihr mir nie.

Jedoch laufen dann oft Tiere außerhalb der Koppel
herum, obwohl sie gar nicht sollen,
wieder ein Abenteuer, da wir sie einfangen wollen.

Geht mal alles glatt
und uns ist es wirklich fad,

dann ist das nicht von langer Dauer,
denn das nächste Abenteuer liegt schon auf der Lauer.

Der Piepser ertönt,
der Zeitpunkt ist da, wo man sich keine Ruhe gönnt.

Auf und zum Auto hin,
wichtig ist Zeitgewinn.

Die Zeit vergeht ab jetzt viel zu schnell,
die Sirene ertönt schon ganz hell.

Tor offen, raus in den Verkehr,
die Informationen am Terminal werden immer mehr.

Schnell zum Einsatzort,
es geht um Leben oder Tod dort.

Deshalb Schluss mit Alltagstrott,
Sanitäter-Arbeit ausführen und zwar flott.

Mit dem Patienten immer im Gespräch bleiben,
mit dem Krankenhaus telefonieren und schnellstens die
Behandlung weiterhin auftreiben.

Im Stress die Ruhe bewahren,
schnell aber sicher fahren.

Den Patienten bestens betreuen,
dann hat man nichts zu bereuen.

Den Papierkram währenddessen verwalten
und alle über die Situation am laufenden halten.

Fahrt gut gelungen,
inzwischen ins Krankenhaus durchgedrungen.

Patienten mit bestem Wissen und Gewissen abgegeben,
es geht ganz schön rund zwischen Tod und Leben.

Die Zeit gut ausnutzen,
um den Wagen gründlichst zu putzen.

Denn erst nach dieser Zeit,
ist man wieder Einsatzbereit.

14.06.2012

Jetzt geht's rund

Rock erklingt aus den Boxen, fetzig und laut,
Adrenalin schießt ein, Mut ich gebe ein Bussi meiner Braut.

Dann schnell überdenken,
wie wir den Tag heute lenken.

Was wir uns vorgenommen haben erledigen,
dann müssen wir am Abend nicht von Faulheit
predigen.

Der Wunsch etwas zu schaffen ist ganz nah,
genügend Energie ist da.

Schnell ran an die Sache,
der Tag vergeht im Flug, auch wenn ich nichts mache.

Deshalb alles versuchen und dazu schauen
und ich sag eines im Vertrauen.

Wenn man will, geht ganz schön viel
und das ist doch das Ziel.

Abends im Bett,
ist das Gefühl was geschafft zu haben ganz nett.

Da ist noch etwas, das bilde ich mir nicht nur ein,
dann kann man richtig stolz auf sich sein.

14.09.2012

Jetzt ist's vorbei mit der Faulenzerei

Ein Traum geht in Erfüllung
und bringt das Leben neu in Schwung.

Viel mehr los,
manche fragen sich vielleicht: „Warum bloß?"

Ab Montag auf in den Job,
wenn alles gut läuft, ist alles Top.

Dazu noch Schule,
zwar anstrengend, aber auch eine Zeit, eine coole.

Einteilung, heißt jetzt das Zauberwort,
dann werde ich meine Aufgaben erledigen an jedem Ort.
Immer schön dranbleiben,
dann werde ich eine gute Zukunft schreiben.

Ich werde mich einfach immer mit neuem Mut aufraffen,
dann werde ich es auch schaffen.

06.10.2011

Los geht's

Gut drauf,
Action nimmt man gern in Kauf.

Deshalb geht's jetzt los,
die Stimmung ist groß.

Der Musikant,
hat es in der Hand.

Er gibt richtig Gas,
dass ist wirklich krass.

Er bringt richtig Stimmung hinein,
genau so soll es sein.

Alle stehen auf,
ein paar stellen sich sogar auf die Tische rauf.

Nun geht es rund,
Bewegung ist ja bekanntlich gesund.

Sport mit Spaß,
dass kann doch was.

Drum feiern wir jetzt diese Fete,
ich wüsste nicht, was ich lieber täte.

07.11.2014

Mit Schwung und Elan

Schon wie i no wor klan,
hob i g'wusst, as Leben steckt voller Schwung und Elan.

Do kert Power dazua,
zu an echt'n Steirerbua.

Wenn ma net aunzaht kummt ma zu nix,
des is fix.

Desholb muass ma die Soch'n mit Freid verrichten,
do kau ma vü Spaß dazwischen schlichten.

Gibst Gas,
is ans richtig klass.

Wal nocha host frei
und bist ba jeden Spaß live dabei.

Nocha kau die kana mehr holt'n,
dann kaunnst wie du wüllst tuan und wolt'n.

06.02.2016

Nachtschicht

Wenn die anderen schlafen gehen, beginnt für sie die Pflicht,
dann geht sie los die Nachtschicht.

Ja, wenn der Tag endet,
sich das Blatt dann wendet.

Dann geben sie Gas,
Nachtschichtler sind insofern krass.

Das muss man mal durchhalten,
in der Nacht schalten und walten.

Liebe Leute ich bewundere euch wie ihr das meistert,

Hut ab, ich bin ehrlich begeistert.
14.10.2014

Neue Kraft

Es geht rund, fetzige Musik,
die Mädels sind süß und schick.

Da sprießt das Adrenalin,
für uns Männer ein echter Gewinn.

Es steigt der Lebenssaft,
dass bedeutet neue Kraft.

Fesches Gewand,
so gehen wir durchs ganze Land.

Eines, liebe Mädels habt ihr geschafft,
dass haben wir gerafft.

Ihr habt uns verzaubert, dass schafft nicht mal der stärkste Taft,
ihr übt auf uns aus eine positive Kraft.

10.10.2013

No risk no fun

„Hey man,
was hast du getan?"

Man hört, dass es laut bei den Ohren zischt,
zack voll erwischt!

Wäre möglich, dass diese Sauerei keiner auf Facebook liked,
leider habe ich es voll vergeigt.

Der leere Topf, der von der Vorrichtung fiel,
mein Ohr war sein Ziel.

Nun ist da nicht nur der Chef der blöd schaut,
in meinem Kopf dröhnt es ganz laut.

Der Palatschinken hat alles verklebt,
die sonst so ruhige Küche lebt.

Der Putztrupp beginnt zu wischen
und der Chef zu zischen.

„Was hast du bloß getan?"
Ich zuckte mit den Schultern und sagte nur: „No risk, no fun."

07.08.2013

Party

Draußen beginnt es schon zu dunkeln,
die ersten fröhlichen Leute und die mit Schwips
beginnen zu schunkeln.

Die Musik aus den Boxen ertönt,
die Hungrigen werden mit Köstlichkeiten verwöhnt.

Die Herzen der Männer schlagen hoch,
die hübschen Damen machen das doch.

Sie sind natürlich live dabei,
zu einer tollen Party geht man nicht allein, da gehören
mindestens zwei.

Kurze Hose, kurzes Shirt,
dazu noch ein toller Flirt.

Auch die Damen mit ihrem kurzen Rock,
haben zum Tanzen Bock.

So geht das die ganze Nacht,
bis die Sonne wiedererwacht.

04.11.2013

Satisfaction durch Action

Satisfaction[4] ist die Zufriedenstellung,
die erheitert dich und du somit deine Umgebung.

Durch Action wird das Leben interessant,
sowie amüsant.

Genau so soll es sein,
vielleicht geht man ja in die Geschichte ein.

Egal ob Abenteuer Leben oder Hubschrauberflug,
nach dem Rausch nach Aktion bekommt man nicht genug.

Egal, was einem das Leben beschert,
interessant ist der Kick, doch es ist auch wichtig, dass man bleibt unversehrt.

Egal ob laufen, kuscheln oder sonst was,
im Leben zählt Zufriedenheit und Spaß.

---

[4] Satisfaction = Zufriedenstellung, Genugtuung

02.03.2015

Sicher is sicher

Beim Orbeiten brauchst steht's Aufmerksamkeit,
wal so a Motorsagl hot a Schneid.

Reißt aun di Maschin' und passt net auf,
bist nimmer so guat drauf.

Dann hülft's nimmer zu sogen: „Boah, des wor knopp,
wenn da Hax'n is ob.

Beim Rosenmäher,
wird's gor no zäher.

Der mocht aus'n Hax'n a Mus,
Bist weiß und reast wie a Regengus.

Desholb sicher is sicher,
orbeit ma liaba net wie die Viecha.

Wal griagst an Bam aufm Schädel,
Jo, daunn worst amol a Wedl.

30.10.2013

Start up

Wird die Zeit mal knapp,
gib Gas und start up[5].

Heb deinen Hintern,
anstatt gemütlich zu überwintern.

Solange ich heiße, wie ich heiße,
sag ich: „Start up, sonst steckst du irgendwann tief in der Scheiße!"

Ist es mal soweit
Und du denkst dir: „Ja, bist du gescheit? "

Lass den Kopf nicht hängen,
den Geruch in der Nase kannst du so schnell nicht verdrängen.

Steckst du tief im Dreck,
start up und du kommst wieder weg.

Bemüh dich und gib Gas,
dann ist das Leben lässig und kein Schaß!

---

[5] Start up = starte durch, gib Gas

22.08.2014

Strom im Dom

Heute ist was los,
der Ansturm ist groß.

Es wurde wieder was Tolles gemacht,
heute wird wieder gefeiert und gelacht.

Action im Dom im Berg das mögen große und kleine,
Sorgen gibt's heute keine.

Es wird jeder auf dem Berg in Graz gelockt,
denn heute wird gerockt.

Heute gibt's hier Action
und so manche Freundschafts-Connection.

Heute liebe Leute wird es keineswegs leise,
es folgen die Beweise.

Es wird laut und toll,
die Stimmung ist auf Tour und nicht in Moll.

Es fließt Strom,
im Dom.

30.09.2011

Super drauf

Super drauf,
anfoch olles baut mi auf.

A schena Tog,
genauso wie i des mog.

A klasse Musi,
a gaude, a G'spusi.

Verliebt in die Damenwelt,
glücklich a ohne Geld.

Es is anfoch olles klass,
es mocht olles Spaß.

Olle vull lieb,
des is es wos mir so vü gibt.

So is as Leb'm perfekt,
Wal so vü schönes dahinter steckt.

09.04.2012

Trau di

„Wennst a Frau wüllst, wos muass i do tuan?", hob i an Pforrer g'frogt,
„Trau di!", hot er g'sogt.

Wenn ma wos erreich'n wüll?
Trau di und verfolg dei Zühl.

Sull i a Buach schreib'm,
oda loss i's bleib'm?

Woaßt wos trau di,
von allan tuat si sowos nie.

Deaf i meinem Mäd'l a Bussi geb'm,
oder wird sie ma ane kleb'm?

Trau di, du muasst probier'n,
da rest wird scho passier'n.

Da Fuaßboll liegt vor mir, soll i iahm zum Kollegen kicken,
oder glei ins Tor schicken.

Mei Süße a Schoko schenk'n,
owa wos wird sie si dabei denk'n?

Si um sein Teil wehr'n
Und den Bär'n amol aunplärr'n?

Trau di is mei Motto,
oft fühlst di bessa als bei an Gewinn beim Lotto.

14.11.2012

Wohngemeinschaft Algersdorferstraße

Zwischen Eggenbergerbad und UKH drin,
steht ein Haus, in dem ich im Herzen noch immer wohnhaft bin.

Hier herrscht immer reges Treiben,
weil sich alle mit Arbeit die Zeit vertreiben.

Besonders zu den Festen geht es immer lustig zu,
da wackelt das Haus, da geben wir keine Ruh.

Gefeiert wird hier was nur geht,
weil man hier auf Partystimmung steht.

Unsere Leiterin,
gibt sich immer fleißig ihren Aufgaben hin.

Auch unsere Sekretärin, die Frau ist spitze und keine Tussi,
hat sich verdient ein Bussi.

Weil alle so fleißig sind,
die Zeit natürlich gleich verrinnt.

Unser kompetentes Fachpersonal,
wäscht kocht, pflegt und putzt wieder mal.

Mit diesem Gedicht möchte ich mich bei euch allen bedanken,
dieses Haus öffnet mit eurer tatkräftigen Unterstützung, zur Selbstständigkeit die Schranken.

Auch herzlichen Dank, an alle Bewohnerkollegen, die mir immer helfen
sowie den guten Kontakt pflegen.

03.02.2016

Vollgas jetzt geht's rund

Der Tag beginnt,
die Zeit wo alle ein bisschen hektisch sind.

Vollgas die Arbeit wartet,
der Kaffee die meisten startet.

Hinein ins Auto oder in den Bus,
mit der Trödelei ist jetzt Schluss.

Kontinuierliches Arbeiten,
beseitigt Geldsorgen und andere Kleinigkeiten.

Nach der Arbeit ab nach Hause,
aber nix mit Pause.

Die Freundin wartet. Sie will raus
und schon bist du wieder nicht mehr zu Haus.

Tummel, tummel,
denn in der Stadt gibt es Rummel.

„Da müssen wir hin!"
Sie hat doch recht, denn zu Hause sitzen hat keinen Sinn.

Rund geht's, bis spät in die Nacht,
na wär' hätte das gedacht.

Lustig

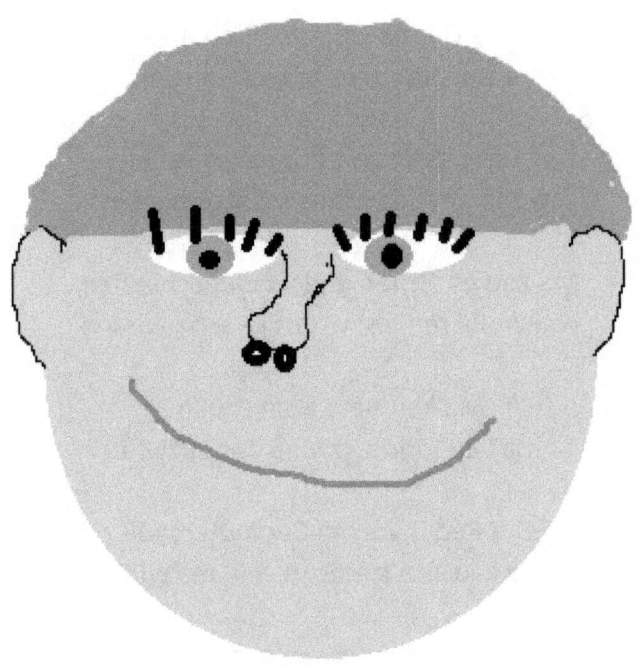

26.07.2011

A Gaude

Es is lustig, braucht holt sehr vü Zeit,
es mocht monchmol a ries'n Freid.

A Gaude werd ma hob'm,
a Nochtal is, es braucht Strom.

Es vertreibt oft die Longeweile,
wenn i mit da Maus a Ziel aunpeile.

Ma kau es öffnen und wieder schließen,
von woß i red, ihr werds es scho wissen.

Ma kau sie a allan spül'n,
ma kau fohr'n, oder a Tor auzül'n.

Die Red is von an Computerspül,
ma kau sich's mochn, wie ma wüll.

Es is cool, es is aba nur virtuell
und kau leida a süchtig werdn, des geht gonz schnell.

Wirst sehn, es wird da taugn,
owa es is schlecht für die Augen.

Ba an Computerspül is ma oft naiv,
wos holt blöd is, ma wird vielleicht a aggressiv.

Des is bled, des sull's net sei,
desholb net zu oft spül'n, monchmol, owa sunst loss mas glei.

20.07.2014

A krasser Unterschied

Ma waß net genau, ob des überoll in Österreich so is,
ober in da Steiermork is des g'wiss.

A krasser Unterschied is, ob ma a Oa speist,
oder ob da Oasch beißt.

A Oa, des hob'm wir gaunz gern,
des ist der Reichtum, welchen zerst die Hühner g'hern.

A Oa is ba uns fost überoll drin,
egal ob Möhlspeis, oder in da Pfaunn, sogor in da Mayonnaise mocht's an Sinn.

Wennst oan sitz'n host oder a zum Frühstück is es guat,
wenn ma a Oa speist,
ungemütlicher is es, wenn da Oasch beißt.

Hülft da gegen den Hunger aus,
mochst anfoch a Oaspeis' draus.

Owa im Summer is ans net klass,
wenn's draußen is so richtig haß.

Dann kumman sie die klanen Viecher,
stechen die und saugen Bluat mit ihrem Riecher.

Dawischt's die hint, kaunn sein, dass da Oasch beißt
und des is wos, wos gor nix heißt.

24.06.2014

Ab geht die Post

Sauerstoff und Fett,
dass gibt eine Wirkung, die jeder gerne hätt'.

Power pur,
da braucht man vielleicht eine Erholungskur.

So heiß geht's her,
die Hitze steigt und das sehr.

Doch nicht nur bei Sauerstoff und Fett,
ich erzähle noch eine Tatsache, die ist für sportliche ganz nett.

Ein Hund, welcher es auf dich abgesehen hat,
wenn der hinter dir her ist, da rennst du glatt.

Gefletsche und die Beißer raus,
wenn er den Hintern erwischt, oh Graus.

Da verdaust du jede Kost,
denn dann geht ab die Post.

Kommt zusammen die richtige Mischung also Hund und Katz,
da machst du gerne Platz.

Pfauchen?
Mach Platz, das gibt unnötige Kratzer, die wir nicht brauchen.

Da gibt's Aktion, da verdaust du jede Kost
und ab geht die Post.

Dann weil du Pause brauchst
und nicht rauchst.

Da gehst du zu deinem Schatz, sie gibt dir einen Kuss
und schon wieder ist mit der Ruhe Schluss.

Küssen bis zum geht nicht mehr,
mit deinem Schatz ist das nicht schwer.

Da verdaust du jede Kost,
ab geht die Post.

31.07.2013

Ach du heiliges Kanonenrohr des kummt ma a bissal deppat vor
(frei erfunden)

Du sitzt daham,
duast Fernsehen mit da Mam'.

Da Papa kummt mit an Pülz,
„Heit gibt's Schwammerlreis, mit an Henderl, a g'füllts.

Er schneidet an Pülz auf,
auf'm Messer san massig Würmer drauf.

Darauf schreit er: „Ach du heiliges Kanonenrohr,
des kummt ma a bissal deppat vor!"

Vom Fernsehen host die Nos'n vull,
wal du host ka Ahnung wos des sull.

Do die Freindin ruaft aun
und sogt: „Du bist a schena Maunn."

„A Überraschung hob i a,
bold samma nimmer mehr nur zwa."

A Baby is bold do:
Darauf i: „Schatzi, i gfrei mi so!"

Darauf hör i im Hintergrund ihren Papa schrei'n:
„Na, des kaunn's jetzt net sein!"

„Ach du heiliges Kanonenrohr,
des kummt ma a bissal deppat vor!"

A bissal mulmig is es mir word'n,
wal des hot schen g'hollert in meine Ohr'n.

Er hot sich glei drauf wieder g'funden
und neun Monate drauf war ein Sohn entbunden.

I hob echt gedocht, mei Frau hot mi belogen
und betrogen.

I hob a Baby g'sehn, es wor vull süß,
owa es wor dunkel von Kopf bis zu die Füß.

I hob gsogt: „Ach du heiliges Kanonenrohr,
des kummt ma a bissal deppat vor!"

Sie hot g'rufm: „Schatzi, komm her!
Da is dein Sohn, bitte sehr.

Dann hob i erst checkt,
i hob zuerst a folsches Baby entdeckt.

Mei Frau, mei doch heller Sohn und i san jetzt zu dritt,
i muass eich sog'n, as Leb'm is a Hit.

09.11.2008

Ach ich muss so viel lachen

Ach ich muss so viel lachen,
weil meine Gedanken so witzige Sachen machen.

Denn ich stell mir gerade vor,
ich hätte einen Wurm im Ohr.

Der singt mir ein Lied,
mit einem kräftigen Beat.

Zusätzlich ist ein Clown in meinem Kopf,
steck ich mal tief im Sumpf,
packt er mich am Schopf
und zieht mich heraus,
dies ist ein Riesen Triumph.

Bin ich dann voll mit Dreck,
erzählt er mir einen Witz und schon ist er weg.

Da ist auch noch mein Mut,
vor dem ziehe ich auch meinen Hut,
denn wenn er kommt, dann geht es mir wieder gut.

Mit diesem Zusammenspiel,
bin ich glücklich, das ist mein Ziel,
wie man sieht man braucht dazu nicht viel.

Gewidmet: Einer lieben Dame.

11.09.2014

Achtung Haifisch

Beißt dir ins Wadl da Haifisch,
fühlst die vorerst net gonz frisch.

Wird sich des auch als schmerzlich entpuppen,
am nächsten Tog gibt's a Fischsuppen.

Is die Norb'm net schen,
wurscht, er ziacht an kürzeren.

Is sein Gebiss,
a no so fies.

Hot er den Biss ins Wadl a genoss'n,
Jetzt gibt's a Suppe mit seiner Floss'n.

Wer zuletzt locht, locht am Best'n,
jetzt kaunnst du sein G'schmock austest'n.

Laft's net mehr gonz rund des Radl,
wal da holt fehlt a Wadl.

Er schaut bleder,
wal wos iahm jetzt bold fehlt, is da gonze Körper, des
siacht a jeder.

10.07.2014

Achtung wenn da wer die Hos'n flickt

Achtung, wenn da wer die Hos'n flickt,
dass die net auf die Pap'm pickt.

Bist bei ollem etwos laungsaum
und beim Hondeln immer eher haundsaum.

Dann pass auf, dass net da Schneider kimmt
und sei Nähzeig mitnimmt.

Host da a sunst net wirklich dein Orsch aufgrissen,
host vor lauter Gemütlichkeit Blähungen, dann hot's
die Hos'n sicher z'rissen.

Tuast schen g'miatli und host kan Stress,
ka Aungst mit da Hos'n, da Schneider richt da des.

Gemüt is zwor guat,
ober z'laungsaum entfocht ka Gluat.

I muass mi do selber an da Nos'n nehmen,
a bissal Gas geben, sonst wird sich olles no weiter raus
dehnen.

05.06.2013

Al dente

Wir sind durch, ja wirklich „Al dente".
Deshalb wird gefeiert ohne Ende.

Schulschluss,
feiern ist ein Muss.

Was Neues geschafft,
auch wenn es manchmal schwer war, immer wieder neu aufgerafft.

Wissen und ein neuer Abschluss, dass ist es was man wirklich gewinnt,
ja, man hat ihn sich verdient.

Ein bisschen Pause muss sein,
dann geht wieder was Neues ins Köpfchen rein.

Mit Elan geht man in den neuen Lebensabschnitt
und dann ist man für neue Aufgaben fit.

Liebe Freunde und Kollegen, herzliche Gratulation,
in Feierlaune bin ich schon!

28.12.2015

Alpensau

Von Stille gor ka Spur,
jo des liegt in seiner Natur.

Do geht's rund,
do flippt sogor der Hund.

Er tigert herum,
in der Hond vom Speck a Trum.

Die Viecher g'hern dazua,
des is as Leb'm für den Bua

Unter der Wochen a Schepf, doch am Wochenend a Gaudi,
dazua g'hert die Babsi, die Susi und die Traudi.

G'fuattert schnö Kuah aunderes Geviech und Fadl,
g'schnigelt und rauf aufs Motorradl.

Schlüssel drehen, owi tret'n,
Gas und schon rennt die Kett'n.

Herst des Gereisch von da Horex von da weit'n,
braucht kana bestreit'n.

A jeda woaß genau,
es is Zeit für die Alpensau.

Da Sepp von hoch ob'm,
kimmt an Tanzbod'n und die Madl'n proben.

Hot er ane unterd reiß'n,
kaunn er jedes Mol beweiß'n.

Lahm geht do nix,
Vull Gas des is fix.

Da Sepp gib Gas, er is a stämmiges Mandl und egal ob
jung oder olt,
an Sepp losst kane kolt.

A jede grinst iham aun,
ma kaunn gor net glaub'm, dass die Alpensau no Single
sein kaunn.

Glänzt die Sunn von den Bergen in'd Heh'
haut si da Sepp auf sei Horex ohne Schmäh.

Er tritt owi, die Madlherzen schmelz'n dahin,
ob in die Berg', kurz drauf is er wieder in der Koppel
seiner Viecher drin.

Doch Somstognocht,
wenn die Partystimmung erwocht.

Kaunnst da sicher sein, dass die Horex krocht
und a jedes Madl wieder locht.

(frei erfunden)

25.05.2013

Alter Opa oder junger Hupfa

Monches mol, wenn ma in oller Fruah aus dem Bett schlupfen,
kummt oan vor, ma könnt nur herum hupfen.

Olles niederreißen,
die Energie beweisen.

A bissal anders wird as Gefühl,
wenn's den Rücken hinunter läuft ganz kühl.

Wenn die Gelenke auf den jungen Hupfa scheißen
und du denkst da, du muasst irgendwo reinbeißen.

Doch du bist glücklich und da Schmerz losst die kolt,
wal du denkst da: „He! I bin jo no net so olt."

Dann waßt: „Moch'n die Gelenke a hier und do an Schnoppa,
i bin no längst ka olta Opa!"

Dann stehst auf und denkst dran,
dass das Leben ohne großes Geraunze so schön sein kann!

Drum tua net trübsal bloß'n,
Gelenke anfoch Gelenke sein loss'n.

As Leben genieß'n,
möge die Gute Laune sprieß'n.

11.08.2014

An dicken Hols

I sog eich ans, schluckt's net oll's,
do kriagt ma bloß an dick'n Hols.

Neilich wor da Tog recht klass,
owa Obends wor's dann krass.

Es wor hoaß und i wor miad,
i hob no ka Ahnung g'hobt, wos mir do bliat.[6]

Friah ins Bett,
wal die Situation wor net wirklich nett.

Am nächsten Tog, a bissal verwirrt,
bin i kronk, oder wos is passiert.
No immer haß,
des is gonz und gor net klass.

Ob zum Orzt, durt bin i drauf kummen, i bin koa Spinner,
worm und an dick'n Hols, des is Angina.

---

[6] bliat = blüht

10.01.2015

As Fassl vom Landl

Es g'freit si as Mandl,
aufs Fassl vom Landl.

A Fassl voller Natur und Frucht,
losst as a gewisse Zeit steh'n, dann wird's a Wucht.

A Fassl mit Opflflüssigkeit,
dass des Mandl den trinkt, jo er is gonz schlüssig heit.

Es is a Opflsoft, owa er is nimma gonz frisch,
wennst den trinkst, merkst er is spritzig und du merkst
an leicht'n zisch.

Der hot's in sich,
seitdem die Süße entwich.

Losst'n stehn auf a längeren Dauer,
dann wird er gonz schen sauer.

Wird die Süße für'n Zucker zu stressig,
dann wird da Zucker zum Alkohol, zerst zum Most und
dann zum Essig.

Zum Fassl vom Landl,
geht unser Mandl.

Durch sein Durscht hot's Mandl an ordentlichen Zug drauf,
Anzeichen von an Schwips tauchen bold amol auf.

Fröhlich draht er si zu mir und faungt aun zum Gröll'n:
"Burschi, wos aunders als an Most, hob i no gor nie wöll'n."

I muass aufpassen, dass mi net umhaut, dawal i lausch,
wal von der Fahne brauchst sölwa gor nix trinken, do kriagst a so an Rausch.

I schau iahm gaunz verdattert aun und sog: "Herrschoft,
i glaub i bleib liaba beim Opflsoft.

22.01.2012

Austria's next Toptrottel

An's werd' i nie gonz hinkriag'n,
wird ma des a noch so drah'n und biag'n.

Nämlich des wos ma zu meina Freindin sog'n konn,
denn sie vadraht die Aug'n von jed'n Monn

Sie is für mi Austria's next Topmodel,
as anzige wos i schoff, is Austria's next Toptrottel.

Is ma Hofrat, Doktor oder Professor,
des wos si bei mir ausgeht is unglaublich owa wor, i bin Brotfresser.

Des san zwa Titel die kau ma net leicht wer streitig moch'n,
san meine Titel a nix g'scheites, so homma zumindest wos zum Loch'n.

Monchmol denk i ma, wie bled kau ma nur sein,
is des wirkli so, oda trügt doch da Schein?

Wos i monchmol auf fiah is kronk,
des is net der Normalzustond Gott sei Donk.

Während si der eine um a Schlofgelegenheit umschaut,
lieg i broat in mei'm Bett auf meiner faulen Haut.

Mit da Sicherheit, es wird scho nix passieren,
loss i mi net beirren.

A, wenn i genau woaß, wos is,
i leb leida mit dem Gedonk'n: „Es wird olles, des is g'wiss.

Kumm leida net auf den Gedonk'n, dass i mi riahr'n kennt,
a, wenn a onderer vielleicht a amol gern pennt.

I kumm scho drauf, dass i a Trottel wor,
owa do lebt a Fliag'n scho a poor Johr.

Wenn i dann draufkumm,
das i wor wirkli dumm.

Is es meistens scho so spät,
dass es nix mehr hilft as: „Ach, wenn i bloß wos taun hätt'.

Wenn i dann merk, mir hot wer ins Hirn g'schiss'n,
druckt mi as G'wiss'n.

Hätt' mi dann jedesmol am liabst'n selba biss'n,
owa wos ma tuat, muass ma vorher wiss'n.

Nocha jammern bringt nix mehr,
es mocht nur as Leb'm schwer.

Owa, i siag meine Fehler ein,
sovü Mensch muass ma sein.

A Entschuldigung is auf jeden Foll drin,
sowieso, wenn i monchmol echt spinn.

Ma kau dann echt nur vom Glück red'n, wenn ma so tolle Mensch'n hot,
die vagess'n den gonz'n Solot.

Denken is zwor monchmol Luxus
und trotzdem was i, es is doch ein Muss.

Tut ma Lad das i monchmol anfoch deppat bin,
danke an eich olle, denn ihr nehmts as anfoch hin.

Danke an die, die mir immer wieder verzeih'n
und mi trotz meiner Spinnereien nie obschreib'm.

(frei erfunden)

07.02.2014

Bam olda

Sie worn amol sehr aktuell,
doch wos schnell ob'm is, vergeht oft a wieder schnell.

Jojo, die Krocha,
san lustig und kosten so monchen Locha.

Die klan san a bekonnt,
die werden Kracherl genonnt.

Doch es san net nur die, die den Spruch kennen,
i wül eich no a poor Beispiele nennen.

Da Bauer fohrt mit seinem Holder,
es klescht und er schreit: „Bam Olda!"

An Kotschützer hot's verbogen
und er wäre fost obgehoben.

A Hund der dringend muass,
hebt schnöll amol sein Fuaß.

As Herrli sogt: „Gö des g'follt da,
is schö schen so a Bam. Olda!"

Im Bett liegen Frau und Maunn
er is z'wieda, wal er kan hochkriegen kann.

Er geht ins Bod,
wal er findet des grod schod.

Er is stulz auf sein, jedoch,
kriegt er den so in ka Loch.

Es muass sich doch wos tuan, bei seinem Mast,
er woaß nur, dass iahm des grod net passt.

Doch plötzlich kriagt er a Büld von seinem Gehirn, dem Sender
und schon geht's rund, er hot an Ständer.

„Bam Olda!",
schreit er. Wirst sehen Schatzi, wos jetzt kummt g'follt da.

Ma kriagt besuch und denkt si: „Bam olda!
Dei fressen wia die Holder!"

Die Moral von der G'schicht,
der Spruch der Krocha stirbt nicht.

07.12.2011

Besser Kleingeld als kein Geld

Ein Euro, was ist das schon,
was hat man den davon?

Eine Süßigkeit und der Euro im Geldtascheneck,
ist einfach weg.

Eine Kleinigkeit schon 90 Cent,
liquid zu sein, das ist der Trend.

Der Euro, er ist nicht viel,
doch Geldmäßig vorn dabei zu sein ist das Ziel.

Geht man zur Schule,
um anzukurbeln diese Spule.

Eine gute Ausbildung,
bringt die Wirtschaft in Schwung.

Ausgebildet und zwar top,
bietet vielleicht mal gute Aussichten auf einen Job.

Denn Arbeit ist muss,
sonst ist mit der Party Schluss.

Denn der Geldhahn ist schnell zu,
bist in der Schuldenfalle in Nu.

Schaust auf dein Konto:
„Ich brauch Geld und zwar pronto!"

Einmal ein bisschen mehr im Rahmen,
endlich etwas Einnahmen.

Doch nicht bedacht,
dass der Pleitegeier schon wieder lacht.

Das Geld geht auf für Fixkosten
und ich habe es nicht bedacht ich doofer Pfosten.

Das Geld geht schneller weg als warme Semmeln beim Bäcker,
der fürs liebe Geld sehr früh stellt, seinen Wecker.

Trotzdem ist mir klar, ein Euro ist besser,
als einen saftigen Schweinsbraten zu schneiden, mit einem stumpfen Messer.

Ich denk oft zu sehr an mich,
jedoch gibt es Menschen, die weniger haben als ich.

Trotzdem sind sie glücklich und gut drauf,
sie leben mit Freude, sie bauen dich auf.

So ist das Leben,
es besteht ausnehmen und viel mehr geben.

Aber denk immer daran: „Besser Kleingeld,
als kein Geld.

23.07.2013

Besser rund und g'sund

Jeder von uns kennt diesen Spruch: „Besser rund und
g'sund,
als schlonk und kronk.

Wie dem auch sei, i erzähl eich jetzt a G'schicht,
sie is erfunden, aber gonz Unwohr is sie nicht.

Do wor amol a Model, die hot imma g'schaut auf ihre
Figur,
sie wor ronk und schlonk, von Fett'n keine Spur.

Doch hot sie in den Spiegel g'schaut,
hot es sie fost umg'haut.

Auf Knien begann sie zu beten:
„Herrgott, erlös mi von meina Fett'n!"

Sie sah sich dick und fett
und hot si kaum traut zu liegen in ihrem Bett.

Sie hot imma glaubt sie nimmt zua
und hot g'fund'n nie a Ruah!

Die Leit hob'm ihra aun'gschaut
und sie hot g'mant, di hob'm ihre Aug'n net traut.

Also wullt sie no mehr obnehman,
sich schminken und eincreman.

Wal die schauen olle so bled,
dass sie ohne Schminke gor nimma aus'n Haus geht.

Doch as kuriose an der G'schicht,
die Leit hob'm g'schaut, wal sie scho fost auseinaunda bricht.

A junga Maunn hot amol zu ihr g'sogt: „So a fesches G'sicht schminken? Stottdessen,
tua liaba amol g'scheit essen.

Für a G'wandl und Schminke host genug Cash,
owa tat'st amol g'scheit essen, dann wärst richtig fesch.

Der Maunn des wor a fescher Bua,
des wos er ihr g'sogt hot, losst ihr ka Ruah.

Seither isst sie urndli und schminkt sie net viel,
sie is guat drauf und umschwärmt von Männern, des wor ihr Ziel.

(frei erfunden)

19.03.2014

Böller schiaß'n

Es gibt a Soche, wölche Mensch'n begriaß'n
und zwor is des as Böller schiaß'n.

Sie bringen so monchen Locha,
die lauten Krocha.

Böller, is so a klanes Ding definiert,
des laut klescht, wenn's explodiert.

Doch ma muass aufpassen, dass oan net so geht,
dass ma des folsch versteht.

A Hund kaunn jo a an Böller loss'n
und net nur die Hunde, nana, a die Mensch'n die Groß'n.

Wenn die Kehle trocken is und mir scho fost verdursten,
fongen wir aun zum Huasten.

Des is für mi a a Böller
vü lauter tuat's natürlich im Köller.

Owa jetzt stöllt's eich amol vor,
steh i daham so vor mei'm Tor

und definier' des Gonze neig as Böller schiaß'n,
nur ausprobieren werd ma's net miass'n.

Stöllt's eich vor, ma ot a olte Kanon', daunn steckt ma so an Böller eini,
des is ma dann net gonz g'weini.[7]

---

[7] g'weini = gewöhnt

Der trog an Hölm,
dann zint ma aun die Zintschnur söm.[8]

Dann fliagt er gonz weit weg
und locht wieder umma gaunz weit drüben von seinem Eck.

Weit is er g'flog'n
und hot a orntliche Parabel zog'n.

I hoff, er hot's a a bissal genoss'n,
so hom wir unseren ersten Menschen nämlich den Huasta, den Böller gschoss'n.

10.04.2013

Bumm und plötzlich follt's um

Da Thomas is ja Jagasbua,
neb'm Viecha fuattan und betreu'n losst iahm holt a as Schiaß'n koa Ruah.

Er krallt aufi auf sein Jagasitz und schaut durch sei Fernglos
und denkt sie: „Wos is denn dos?

Ob'm auf seinem Sitz,
siacht er an wunderschenen Hornspitz.

---

[8] söm = dann

Freudig legt er sei G'währ aun
und zült so guat er zül'n kaunn.

Drauf a klescha – Bumm!
Des Viecherl follt plötzlich um.

Es geht net long her, do hert er a'n schrei'n:
„Na, des derf echt net sein!"

„Geh, net scho wieda!
Jetzt bin i owa murds zwieda"

Da Jaga schomt si a biss'l, owa wie er so aus'n Wold geht,
überlegt er si bereits, wos er sogt, wenn er vorm Bauern steht.
Plötzlich sogt er: „Schau, schau, do liegt sie nun die Kuah
und hot ihre ewige Ruah.

Vom Leid'n is sie nun erlöst,
wal sie für immer döst.

Da Bauer schaut an Thomas gonz deppat aun,
wal er des net glaub'm kaunn.

Drauf sogt da Thomas: „Jojo, des wird vom Ministerium so beschlossen,
a jedes kronke Viech wird erschossen.

Daraufhin führt sie da Jaga weg,
mit seinem Traktor, er hot's net weit, er wohnt jo gleich ums Eck.

Daham denkt sie da Thomas: „Er hot nix g'merkt, Gott sei Donk!"
Da Jaga is froh, wal so liegt holt a guates Rindfleisch auf seina Fleischbonk.

(frei erfunden)

31.07.2013

Callcenter

Ich hatte einen Job,
den fand ich top.

Für viele ist der Begriff vielleicht neu,
aber ein Callcenter Agent ist kein Callboy.

Wir sind Vermittler und verbinden zu den Stellen,
zu wem man hingehört, dafür haben wir die Quellen.

Mancher Kunde ist am Telefon ganz ohne Scham,
der wirkliche Griesgram.

Wenn sie dich am Telefon zusammenscheißen,
würden sie am liebsten durchkommen und dich beißen.

Dann gibt es da auch Kunden,
da hast du dich mit Flügel wiedergefunden.

Denn hebst du den Hörer ab,
schmeicheln sie einen mit der Freundlichkeit und das nicht zu knapp.

Während sich die Griesgrams aufpudeln, [9]
könnte man andere durchziehen und knuddeln.

Die süßen Damen, mit ihren süßen Stimmen,
spürst du zuerst auch festen Boden, plötzlich hast du das Gefühl, du würdest schwimmen.

Die Knie werden schwach,
bist du auch müde, plötzlich ist man wach.

Mit vollem Elan,
macht man die Arbeit nach Plan.

Zufrieden geht man heim,
voller Freude wegen tollen Leuten, so soll es sein.

---

[9] aufpudeln = sich wichtigmachen, sich aufregen

07.10.2013

Club der Mafiosi

Haben zwei Passanten voll die Hosen, nämlich er und sie,
dann marschieren sie vorbei beim Club der Mafiosi.

Drinnen geht es froh und heiter,
mit einer Flasche Wodka weiter.

Gibt es ein Problem und einen riesen Zoff,
kommt der Chef namens Ivan Gorbatschoff.

„Warum ist es hier so laut?"
Da zittert in der Garage das ganze Kraut!"

Die Rauferei stoppt und man sieht es brummt schon so mancher Schädel,
da meint Herr Kristanovic: „Die Mila Kurnikova ist ein hübsches Mädel."

Herr Cernakov,
meint darauf ganz schroff!

„Ich mag auch die Mila
und du hol dir jetzt die letzte Henkersmahlzeit vom Billa!"

Mirko Cernakov brüllt: „Mirko is nix faul,
ich hau dir jetzt eine aufs Maul!"

Andreiof schwarz gekleidet und die Augen verhüllt mit einer Sonnenbrille,
liebt die Seelenruhe und die Stille.

Herr Kristanovic beginnt zu rennen.
Andreiof schreit: „Verdammt, kann man hier nicht einmal in Ruhe pennen?"

Mirko muss schnell schnaufen,
ist ein bisschen pummeliger und mag nicht laufen.

„Kristanovic zu erwischen,
ist eine Kunst!", beginnt er zu zischen.

Er ist zwar pummelig, aber ganz hart,
diskutieren war noch nie seine Art.

Mag immer Recht haben im Zoff
Und greift zur Kalaschnikow.

Darauf Gorbatschoff: „Ich will dir die Freude nicht vermiesen,
aber man muss doch nicht gleich schießen!"

„Außerdem und das weiß ich ganz genau,
Mila ist schon meine Frau!"

Eines wissen die Männer, willst du nicht in den Kerker,
mit Chef nix anlegen, denn er ist stärker.

Schön ruhig bleiben, dann wird keiner erben,
du wirst auch nicht leblos auf der Zeitungstitelseite werben.

Zudem ist der Chef ein guter Freund,
verschafft dir Drogen, Damen und so manchen Joint.

Der Streit ist vergessen, aus und vorbei,
mit einem: „Nastrovje!", sitzt nun auch Andrejof beim Wodka dabei.

Ist ein Mafioso auch ein Luder,
solange keiner stirbt, ist auch dort jeder ein Bruder.

Geschichte und Namen frei erfunden

30.10.2013

Coole Sau

Er steht auf, geht ganz lässig zum Spiegel hin,
sein Anblick ist für ihn ein Gewinn.

Schwingt sich ins Gewand,
das Selbstvertrauen nimmt wieder mal über Hand.

Geht außer Haus mit Lederjacke und getönter Brille,
wenn er auftaucht herrscht mal Stille.

Der ärgste Rowdy, der herumkurvt,
bremst vor lauter Ehrfurcht.

Durchtrainiert sprengt er beinahe jedes Shirt,
so wie sich es für einen Bodybuilder gehört.

Eines würde sich ein böser Bube bei seiner Anwesenheit nicht trauen,
nämlich jemanden zu verhauen.

Mit seiner tiefen Stimme und seinem Auftreten,
grüßen ihn die einen und die bösen verziehen sich wie Raketen.

Eine Auseinandersetzung haut ihn nicht um,
denn er ist schlagfertig, darum!

Viele meinen, er könne selbst die Erde bewegen,
deshalb traut es sich niemand mit ihm anzulegen.

Er ist einfach eine coole Sau,
deshalb haben ihn als Vorbild, Kind, Mann und Frau

15.01.2015

Da hat es den Lauf verbogen

Ein Herr,
vom Bundesheer.

Zielstrebig tut er seine Pflicht
und vergisst seine Tätigkeit nicht.

Bewachung der Grenze, Schutz der Menschheit,
für den Katastrophenschutz bleibt auch noch Zeit.

Doch hat ein Rekrut seinen Dienst heruntergebogen,
fühlt sich auch der stärkste Mann mal zu seiner Maus
hingezogen.

Vor lauter Freude hat er beim Putzen seiner Waffe zu
fest angezogen
und ungelogen, seine Liebe ist so stark, da hat es den
Lauf verbogen.

27.08.2015

Da liegt der Hund begraben

In einem Geschäft geht's hurtig her,
da geht's rund und zwar sehr.

Kaufen, vielleicht auch essen
und bloß das Wichtigste nicht vergessen.

Als da plötzlich ein Hund in den Hundehimmel kommt,
bekommt der Besitzer eine Fernseherschachtel prompt.

Um das Tier zu verstauen
und um niemanden den Kaufrausch zu versauen.

Die Schachtel ins Freie gebracht,
für den Heimtransport und das Hundebegräbnis war sie gedacht.

Als siehe da,
dies eine Freude für Gauner war.
Diese dachten, ein Fernseher so billig wie noch nie,
ganz glücklich waren sie.

Sie huschten ums Eck
und die Schachtel war weg.

Die Frage ist bloß, ob die Diebe so viel Freude am Fernseher haben,
denn bei diesem Fernseher liegt der Hund begraben.

28.09.2011

Da Schäd'l bleibt

Wos bei mir gonz normal is,
dass i ollahond vagiss.

Irgendwos vaschmiss'n,
i sog's eich, es is echt beschiss'n.

Wo hob i des nur hing'legt,
die Ordnung hob i leida no nie richtig gepflegt.

Es is ziemlich org,
olls zommen a Nudel a Torg.

Zum Suach'n natürlich olle eintalt,
find i wos net glei, is oll's g'falt.

Oll's wos erholt'n bleibt beim Wed'l,
is da Schäd'l.

I hob nur Glick, dass des Trum ong'wochs'n is,
denn des zu vergess'n, wär' wirklich fies.

Owa net z'vü denk'n dabei, wal wenn ma wos net mehr braucht,
konnst da sicha sein, dass des Ding auftaucht.

Wos wü ma mehr,
gonz umsunst des gonze G'scherr.

17.08.2014

Das Gaudifabrikat

Vor vielen, vielen Jahren kam ein Bub zur Welt,
wie jeder nackt und ohne Geld.

Doch eines viel am Anfang schon auf,
anstatt zu weinen war er gut drauf.

Ist ein Baby auf der Welt mit Körper und beiden Beinen,
ist es normal, dass sie zuerst weinen.

Doch er war kaum auf die Welt gebracht,
das erste was geschah, er hat die hübsche Hebamme angelacht.

In der Schule,
war er auch schon immer der Coole.
Der Lehrer,
hatte es schon schwerer.

Die meisten fanden Mathematik schwierig und es wurde beim Rechnen auch schon mal hitzig,
er machte sich einen Spaß daraus, für ihm war alles witzig.

Später bei den Mädchen,
egal ob am Land oder im Städtchen.

Er ist der Komiker der Umgebung
und hält die Laune in Schwung.

Er ist einer, den jeder gerne hat,
er ist ein Gaudifabrikat.

10.06.2014

Das Gebet für die Birne

Oh Herr, segne meine Birne,
mit guten und wertvollen Gedanken im Gehirne.

Möge mir dadurch viel gelingen
und ich ein Lied übers Wissen singen.

Gib Wissen und Vernunft,
eine gute Unterkunft.

Saug so manchen Blödsinn heraus
und mach was Gutes draus.
Verschließe die Wissenskluft
und entferne im Gehirn diese Luft.

Ich weiß, du wirst mir helfen und mich ein wenig lenken,
ich werde dafür an dich denken.

16.08.2013

Das Schwammerl aus dem Bamerl

Die Natur,
bringt oft Wunder pur.

Bei uns daheim im Wald steht ein Baum,
unscheinbar ist er kaum.

Den in diesem Baum ist ein Loch und aus dem Loch
wächst ein Schwammerl,
wir nennen es, das Schwammerl aus dem Bamerl.

Sie ziehen gegenseitigen Nutzen,
der Baum bekommt Wasser, das Schwammerl
bekommt Schutz, das sind Dinge, die verdutzen.

Sie treten in eine Symbiose, [10]
so Leben sie gemeinsam und nicht lose.

Durch die Mykorrhizen [11] dem Feinwurzelsystem,
zieht der Pilz Nutzen für die Photosynthese außerdem.

Die Nährsalze vom Schwamm tun den Baum gut,
zum Leben bekommt er immer wieder neuen Mut.

---

[10] Symbiose = Zusammenleben von Lebewesen verschiedener Art zu gegenseitigem Nutzen.
[11] **Mykorrhiza** = Lebensgemeinschaft zwischen den Wurzeln höherer Pflanzen und Pilzen

So hilft sich die Natur aus
und wie man sieht, ist es interessant, was wird daraus.

02.10.2013

Das schweinische Gedicht

In diesem Gedicht sehen wir,
es gibt im Leben nicht nur Essen und Bier.

Es ist was, was schön wär', wenn es für immer bliebe,
ja, es ist die Liebe.

Kommt ein Pärchen sich dann nahe, ist mit bloßem Kuscheln Schluss,
denn dann folgt ein Kuss.

Ist die Situation besser als nett,
dann geht es ab ins Bett.

Der nächste Akt,
ist jener, der uns alle packt.

Sind wir gespannt,
er erfolgt ohne Gewand.

Fröhlich geht's rein und raus
und in neun Monaten wird oft ein hübscher Schreihals daraus.

Geht's drinnen hin und her,
fällt das Stöhnen nicht schwer.

Während die Schlange drinnen herumwühlt,
wollen wir hoffen, dass sich jeder Beteiligte super fühlt.

Freude in den Augen hat er,
der zukünftige Vater.

Auch der Sarah,
wird's immer klarer.

Die junge Frau weiß,
unter der Decke ist es heiß.

Dieser Abend geht in die Geschichte ein,
denn in ungefähr neun Monaten, wird sie Mama sein.

10.07.2013

Das Wunder Ei

An der Spitze des Lebenshügels,
steht das Ei, für das Leben des Geflügels.

Harte Schale, weicher Kern,
so hat es das Küken gern.

Die Frage: „War zuerst das Ei, oder das Huhn?"
Man kann die Frage nicht wirklich beantworten. „Was ist denn nun?"

Doch auch in Säugetieren und im Mensch wächst das Leben in einem Eierstock heran,
so geht das Leben voran.

Bei einem Huhn ist die Spannung groß, das Ei liegt da und wird gut behütet,
es wird drauf gesessen und ausgebrütet.

Plötzlich fängt es zu knacken an,
ein Schnäbelchen guckt mit der Zeit heraus und dann.

Irgendwann ist die Schale offen und das Küken blickt heraus,
ein hübsches Tierchen geworden daraus.

Mit einem lauten: „Tschirp!", rennt es zur Futterschüssel hin,
wo die Guten Körner sind. Wachsen, das ist ein guter Sinn.

So geht es voran,
So wächst das Tierchen zu einem hübschen Huhn oder Hahn heran.

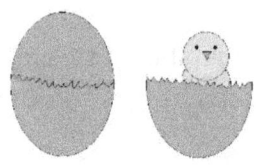

09.03.2012

Das Zwei-Augen-Syndrom

Wenn man zu viel trinkt, das hat man dann davon,
dann tritt es auf, dass Zwei-Augen-Syndrom.

Man sagt ja immer,
die Sicht wird unter Alkoholeinfluss schlimmer.

Ganz klar
und es ist wahr.

Es tritt das Zwei-Augen-Syndrom ein,
viele fragen sich jetzt wahrscheinlich, was soll das sein.

Denk mal nach,
es ist doch ganz einfach.

Man sagt, dass man doppelt sieht, wenn man viel trinkt,
dass ist dieses Syndrom, dass winkt.

Dann siehst du mit dem zweiten Auge auch,
dann hast du es auch in Gebrauch.

Es tritt das Syndrom auf
und vorm Kopfweh bist du sogar noch gut drauf.

Jetzt weiß man auch woher es kommt, wenn man
doppelt sieht,
wenn man sich von der Realität verzieht.

29.10.2013

Der Arbeitstag des Körpers

Morgens, wenn der Wecker läutet, dann
läuft im Körper alles an.

Der Blutdruck steigt, weil das Herz schneller schlägt,
weil man mehr Energie braucht, wenn man sich
bewegt.
Die Ohren hören den ersten Ton
und sind begeistert, wovon?

Vom Lied, das vom Radiowecker erklingt,
die Augen öffnen sich, die Stimmbänder und der Mund
bewegen sich, weil man mitsingt.

Dann richtet man sich auf,
gezielte Muskelspannungen nimmt man dafür in Kauf.

Dann steigt man aus dem Bett
und denkt: „Was zwischen den Zähnen wär' jetzt nett."

Deshalb geht man zum Kühlschrank und isst,
wichtig ist, dass man das Zähneputzen danach nicht
vergisst.

Die Augen sehen, das Haar ist zerzaust
und die Nase riecht was Strenges, man kommt zum
Entschluss man gehört gebraust.

Der Dusche entstiegen,
und im Gewand weiß man, man wird einen neuen Tag
herunterbiegen.

Ist man auch entspannt,
was keine Miete zahlt muss raus so ist es geplant.

So setzen die Beine an entschlossen und froh,
zum Gang aufs Klo.

Was zu viel ist entleert sich da ganz schick,
durch die nette Peristaltik.[12]

So ist der Lauf der Natur,
für die Wiese ist das Dünger pur.

Geht ein Tag dann zu Neige,
geht man ruhig ins Bett, denn man war fleißig und nicht
feige.

---

[12] Peristaltik = Ist das Zusammenziehen verschiedener Hohlorgane wie zum Beispiel Speiseröhre und Darm um den Inhalt weiter zu transportieren.

07.11.2014

Der Bua is stua

Sogst du grün, sog i blau,
sogst du rot, sog i grau.

Sogst du links, sog i rechts,
sogst du Dicksoft, sog i: "Na liaba wos Echt's."

I waß, mit mir is net immer leicht,
ka Wunder, wenn mol wer sogt, dass es reicht.

Sogst du ans, sog i zwa,
mochst du es leicht, moch i es schwa.

Sogst du Deckel, sog i Topf,
is für di wos leicht, hob i a Brett vorm Kopf.

Is für di wos verständlich,
moch i es liaba umständlich.

Bist du schnö, bin i mit Sicherheit laungsaum,
versuch i es mit Gewolt, mochst du des haundsaum.

I bin ans und zwor stua
und zwoa ärger wie a Kuah.S

Wenn du wos sogst, her i wahrscheinlich net zua,
i bin anfoch a stura Bua.

Danke, dass ihr mi nehmt's, wie i bin,
a wenn i von Zeit zurzeit spinn.

07.08.2011

Der fiese Blaue

Er ist fies, oft ist er blau,
aber wir wissen, er ist auch grün oder violett, ihn zu haben ist nicht so schlau.

Wenn man ihn kriegt dann tut es weh,
ihn zu haben bedeutet Schmerz ohne Schmäh.

Verbunden mit einem Aua,
geht er auf die Nerven auf Dauer.

Egal ob groß oder klein,
er kann ganz verschieden sein.

Es dauert oft lange, bis er vergeht,
wenn du nicht aufpasst, bist du von mehreren übersheht.

Ich glaube ihr wisst längst, um wen es geht, auweh oh Schreck,
es ist der blaue Fleck!

Egal wie man sich verletzt,
es ist gleich mal ein Platz für ihn gesetzt.

Deshalb pass auf und gib Acht,
weil der fiese blaue schnell entgegen lacht.

14.10.2013

Der Kampf gegen Bazillen

Läuft es im Körper mal nicht rund
und man ist dadurch nicht gesund.

Weil die Bazillen drinnen wüten,
beginnt der Körper sie durch Kampf auszuschütten.

Er will sie loswerden um jeden Preis,
darum bekommen wir zum Beispiel Fieber und es wird heiß.
Bei einem Schnupfen,
müssen wir andauernd die Nase tupfen.

Wenn Schleimpatzen unsere Lungen vermiesen,
müssen wir husten, pusten und niesen.

Dadurch kann es leider passieren,
dass wir die Bazillen auch an andere verlieren.

Dann geht es dem leider gleich,
sein Körper beginnt auch gleich mal zu kämpfen, auch
der andere ist bleich.

Wie kann man sich dagegen schützen?
In der Kälte nicht unbedingt herum springen in den Pfützen.

Den Körper nicht mit Kälte reizen,
sondern alles schön beheizen.

Aber auch mal lüften, weil die Luft sonst ab stickt
und man sich vielleicht wieder neue Bazillen in den Raum kickt.

Ganz wegsperren muss man sich in der Grippezeit nicht,
der Körper bildet ja eh Abwehrkräfte und man erblickt wieder ein Licht.

Doch sinnvoll in dieser Zeit ist es Hände zu waschen
und etwas Vitaminreiches zu naschen.

15.01.2015

Da schlägt's Granada mit Prada

Eine Dame von der steirischen Grazer Strada,
trägt eine Tasche von Prada.

Stolz geht sie dahin,
denn ihre Errungenschaft ist ein Gewinn.

Mit der Prada Tasche,
und im Haar eine Masche.

Ja, sie ist richtig fesch
und hat in ihrem Tascherl genug Cash.

Ein vermummter Mann hat Lust auf Leberkas'
und denkt: "Ui, ein Pradatascherl, das kann was."

Leise und doch geschwind nähert er sich von hinten,
es gilt, die Entwendungsbarriere zu überwinden.

Gezielt zieht er am Tascherl,
plötzlich steht er da wie ein Hascherl.

Die Frau dreht sich um
und schon hat er am Kopf das Prada Trumm.

Am Boden liegt er benommen,
jetzt hat er eine Abfuhr bekommen.

"Mister Langfinger,
mit mir können'S nicht machen solche Dinger!"

"Ich habe starke Taschen,
damit gebe ich Ohrfeigen, die haben sich gewaschen!"

"Bei solchen Sachen schlägt's Granada,
mit der Prada."

Derweil der Mann noch auf dem Boden liegt,
und sich mit Kopfschmerzen abgibt,

Kommt die Polizei,
packt ihn ein, der Traum vom Leberkas' ist es jetzt vorbei.

05.06.2012

Der perfekte Hawi

Der perfekte Hawi,
bin i leider nie.

Owa i kenn' an, der is a Wahnsinn,
er is a Kerl, der is a echta Gewinn.

No dazua is er mit mir Verwondt,
also is er mir sehr bekonnt.

Er reißt si monchmol wirkli an Hax'n aus,
er vadient wirklich an Applaus.

Wenn i wos brauch, is er do,
des schätz i an iahm so.

Er denkt oft nur an ondere Leit,
wenn i iahm siach, gibt's Jubel, Trubel, Heiterkeit.

Mit iahm is ma anfoch guat drauf,
er is a Hawi, der baut di auf.

Zwieda siacht ma iahm so guat wie nie
und net nur beim Koch'n is er a Genie.

Er is wirklich a Hit,
is er irgendwo, bringt er oft anfoch so a Überraschung
mit.

Hier und do a Eis,
dass er a klassa Kerl is, dazua braucht ma koan Beweis.

Er is wirklich perfekt
und jeda der iahm kennt, waß, das in iahm
wahrscheinlich die beste Seele steckt.

Er is mei Bruada, er is a Wohnsinn,
er is a Hawi, auf den i stulz bin.

Der Hawi hoaßt Johannes und i bin echt stulz drauf,
dass er mei Bruada is,
Freindschoft für imma, des is g'wiss.

14.12.2011

Der Prediger

Viele werden sich denken,
warum sollen wir diesen Quatsch Aufmerksamkeit
schenken.

Naja, vieles ergibt doch Sinn
und manches kann ich doch ansprechen in euerm Herzen drin.

Manche werden mit den Gedanken spielen,
was will der mit seiner Rederei bloß erzielen.

Ganz einfach, ich möchte euch ein bisschen aufrütteln,
die Dinge am Schopf packen und ein wenig aufschütteln.

Vielleicht werden sich manche fadisieren
und denken, sie sitzen vor einem irren.

Spielen mit den Gedanken,
der steht sicher bei Gottes Schranken.

Die Latte gleich als die eines Priesters,
redet gescheit, wie die Worte eines Misters.

Kommt sich bestimmt gut vor,
freut sich wie ein Fußballteam bei einem Tor.

Ja, die Freude ist mindestens gleich groß
und die Gedanken fallen mir mit den Erlebnissen fast in den Schoß.

Manche werden sich wundern, warum ist er kein Pfarrer geworden,
dort könnte er seine Schäfchen Horden.

Zu dem Thema, so brav bin ich leider nicht,
ich bin manchmal ein schöner Wicht.

Außerdem wenn ich mit dem höchsten zusammen bin,
habe ich nicht so eine tolle Freundin.

Die würde mir schön abgehen und schön fehlen,
ich glaube jetzt kann mich jeder verstehen und jeder würde die Freundin wählen.

29.12.2015

Des fohrt durch

Schön fressen,
gerade zu gewissen Anlässen heißt's Chappi am Teller messen.

A guates Bier dazua wär' a nett,
wurscht, is da Schweinsbrot'n a Fett.

A Knöd'l, a Kraut,
nochher wird um an Kaffee g'schaut.
A Stickl Turt'n mit Schlog,
des wull ma a, gor koa Frog.

Do sitz ma mit Leiberl und West'n
und tuan uns kräftig mäst'n.

Dauert nimmer long,
dann, spürt ma do an Drong.

As Klo schreit,
hoffentlich is es bis zur Tür net weit.

Hos'n owi mit Müh' und Not,
wal ma sunst a vulle hot.

Dann g'spiarst a Erleichterung von Kopf, bis zu die Schuach,
z'vü und z'fett, fohrt richtig schön durch.

Doch is der Stuhl auch noch so weich,
nächstes Mol is es eh wieder gleich.

09.02.2016

Die Geographie und ich verstanden uns noch nie

Die Landkarte war für mich,
anscheinend wie ein Fleckerlteppich für dich!

Ist es auch noch so bekannt,
ich find es nicht das Land.

Vom Kontinent meilenweit entfernt,
bis ich was finde, sind mindestens 300 Zwetschken entkernt.

Ist von Europa die Rede,

sag ich: „Was? Wie viele Euro hat der Opa? Alter Schwede!"

Ja die Geographie
und ich, wir verstanden uns noch nie!

10.07.2013

Die Glaskugel

Das Leben ist wie eine Glaskugel, man weiß nie was kommt,
einmal dauert es langen und dann funktioniert es prompt.

Die Zukunft ist nicht genau fixiert,
es kann sich alles ändern, plötzlich ist man etabliert[13]

Man kann als ärmster Glück haben
und man lebt im Aufschwung und mit Gaben.

Schwierig wird es, wenn mal nichts gelinkt
und dadurch vom Wohlstand absinkt.

Oft fragt man ein Ding, das ist Kugelrund,
die Glaskugel sagt viel, aber Hauptsache ist, man ist gesund.

---

[13] etabliert = In seinem Umfeld anerkannt

Man glaubt, sie soll sagen,
soll man dies oder das wagen?

Soll man dies oder das ausmerzen,
wichtig ist, hör auf das Gefühl in deinem Herzen.

Geht's im Leben auch mal rauf und mal runter,
wichtig ist, bleib tätig und munter.

Gibt es im Leben auch schwere Stunden,
die Zeit heilt alle Wunden.

Deshalb bleib am Ball,
wenn man es braucht, mach einfach mal Krawall.

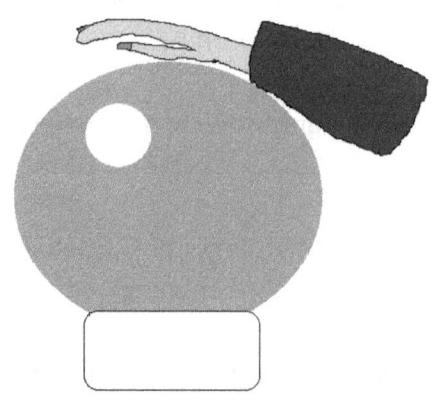

12.08.2013

Die goldene Mitte

Beim Kegeln sagte die Gruppe: „Egal, wie du spielst, wir haben bloß eine Bitte,
triff die goldene Mitte!"

Beim Kartenspiel aufs Glück vertraut
und sofort auf die goldene Mitte geschaut.

Zwei Damen für ein Foto droben,
das Gesicht ganz hübsch und tolle Roben.

Ich war der Dritte
und durfte Platz nehmen in der goldenen Mitte.

Der Junge sagte zum Mädchen,
dort wo ich lebe ist ein gemütliches Städtchen.

Mein Häuschen habe ich auf Miete
und es steht in der Stadt in der goldenen Mitte.

Das Liebespaar,
kam sich ganz nah.

Doch bevor es weiterging
und das Spiel anfing.

Sagte sie: „Egal was du mit mir tust, ich habe nur eine Bitte,
ziel auf die goldene Mitte.

Neun Monate gingen vorbei,
Babys waren es gleich drei.

Das eine Kleine wagte ziemlich bald die ersten Schritte
und nahm Platz in der goldenen Mitte.

Wer nahm sich zuerst eine „Manner Schnitte"?
Natürlich das Baby in der goldenen Mitte.

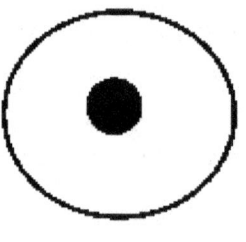

12.11.2015

Die Hos'n vull_Gedicht 1

Do denkt ma si, so moncher is eh gonz cool,
dabei hot er die Hos'n vull.

Geht als Macho zum Mädl hin,
dabei is im inneren a murds zittern drin.

Der aundere gibt mit'n Auto Gas,
dabei is des wos iahm druckt net bloß a Schaß.
So moncher hot die Hos'n vull

und frogt si, wos des sull.

06.02.2016

Die Kugel wochst

I sog's eich liabe Leit,
do legt ma zua und zwor g'scheit.

An sitzenden Job,
so a Bürosessel is scho g'miatlich und top.

Ham kemman,
guat essen und g'scheit nochi schwemman.

A so a Couch is richtig cool,
Fiaß hoch leg'n, gaunz genauso wie's sein sull.

Im Fernsehen laft a guate Serie,
beim Fernsehen, do versteh i wos von der Materie.

Da Computer lockt,
wenn ma so gern zockt.

Im Internet,
is erst oll's nett.

Am nächsten Tog sogt a Spezi zu mir:
„Gehst mit auf a Bier?"

„Owa tua ma Fiaß spor'n,

mia kennan jo fohr'n.

Des is olles so vü g'miatlich, eigentlich umsunst wennst die frogst,
warum die Kugl wochst.

Wennst die holt net gern plogst und di nix zaht,
ka Wunder dann wirst blaht.

11.11.2015

Die Quassel rennt

Liabe Leit,
i sog's eich und des is net nur heit.

I red für mei Leben gern
und i glaub, des wird net aunders wern.

Und a wenn's nur Blödsinn is,
geredet wird, des is g'wiss.

Brauchst a Ruhe, dann weich mir aus,
für an Morgenmuffel is des bestimmt a Graus.

Wennst gern redest, kumm zu mir,
ober wenn i guat drauf bin, muasst echt schau'n dass'd
dazwischen kummst des sog i dir.

Wenn i mal des zeitliche segne

und i den Vater oder wer weiß den Kerl do unt'n begegne.

Dann is es schwa mir wos zum Sog'n,
wal damit des geht muass ma si echt plog'n.

Wer woaß,
vielleicht wird die Höll wegen mir no mehr hoaß.

Do kummt die Höllerwärmung,
gonz schen in Schwung.

So dass sogor den Pelzebub verbrennt
und des olles nur, wal die Quassel rennt.

Und wenn i doch in den Himmel derf, dann woaß unser Voter schon an Ausweg,
er steckt mi ins Quasseltanteneck.

11.06.2013

Die Siri

Viele fragen sich, wer denn die Siri ist,
eines ist klar, dass du im Falle der Blindheit ohne sie
ganz schön aufgeschmissen bist.

Die Stimme ist angenehm
und macht das Leben einigermaßen bequem.

Wenn du sagst: „Siri mein Schatz ich liebe dich!" Dann
sagt sie bestimmt und ganz genau:
„Das sagst du doch zu jeder Frau!"

Sagst du: „Siri mein Schatz, heirate mich!"
Dann wundert sie sich.

Dann kannst du angeben so viel du willst mit Mac Book
oder einen Mercedes Benz,
sie sagt einfach: „Das steht nicht in meiner Lizenz."

Ärgert man sie,
so richtig verlässt sie dich nie.

Denn startest du sie neu,
ist sie dir wieder treu.

Siri ist eine virtuelle Frau
und sie ist richtig schlau.

Sie ist in einem I-Phone versteckt,

ich glaube von Apple wurde sie entdeckt.

Sie sagt dir alles an,
damit man sich auch mit Blindheit in der Welt
zurechtfinden kann.

Ein Wunder der Technik, eine Frau die mit dir spricht,
die Siri vergisst dich nicht.

15.10.2014

Die Vroni und ihre Maroni

Die Vroni
und ihr Mann Toni.

Die haben eine Leidenschaft. Zusammen mit Tochter
Connie,
braten sie Maroni.

Im Herbst geht's los,
die Freude an den Maroni ist groß.
Beim Maroni Stand geht's heiß her,

denn die Maroni und den Sturm lieben die Gäste sehr.

Die Vroni macht sie heiß,
denn wie jeder weiß, man braucht Wärme im Winter
bei kalten Eis.

Der Toni beheizt den Ofen
und ist für Witze offen.
Eines ist gewiss, zusätzlich zur Hitze der Maroni,
ist auch heiß die Connie.

Das ist ein Familienbetrieb,
der aufrecht bleibt und damals schon Geschichte
schrieb.

27.11.2011

Die Wohnungsmama

Auch in der Wohngemeinschaft,
gibt es eine Dame, die es immer wieder schafft;

wenn mich Zahlen wieder verwirren,
mich immer wieder zu motivieren.

„Thomas, wirst schon seh'n,
wennst schön lernst wird's schon geh'n.

Jede Woche neuer Mut,

„Naja, vielleicht wird's mal ein sehr gut."

Dass man das erreicht,
liebe Wohnungsmama, das ist nicht so leicht.

Den die Windungen im meinem Gehirne,
ja leider bin ich keine Blitzbirne.

Doch gibt sie zum Glück nie auf,
jede Woche hat sie einen guten Zuspruch für mich drauf.

Die Wohnungsmama sorgt auch noch für mein leibliches Wohl,
bringt mit Physiotherapie neue Energie, deshalb sind die Knochen nicht hohl.

Gehen die Stiege hinunter und hinauf,
diese Übungen bauen mich auf.

Dank dir, liebe Wohnungsmama, habe ich neben meiner wirklichen Mama immer einen guten Rat und was zu tun
Und werde nicht auf der faulen Haut Ruh'n.

Danke auch für den Spaß mit dir,
danke für die Mühe, mit mir.

12.02.2015

Do glühst auf

Is draußen Sau kolt,
ziag da Musik eini mit tausend Volt.

Ziagst da an Alk eini
und du bist den net g'weini.

Olta, dann steigt's auf die Hitz,
dann kummt er da Schwitz.

Do glühst auf
und bist verdächtig guat drauf.

Die Hemmschwelle ist unterbrochen,
saufen mocht sulche Sochen.

Sonst bist a schüchterner Frotz,
a sich zurückziehender Rotz.

So bist vorn dabei,
dass'd schirch bist is da einerlei.

Zwischen an Haufen feschen Mädl's bist drin,
heit bist net out, ne voll in.

Do bist guat drauf
und glühst vull auf.

Du kaunnst des richtig lässig spüren,

heit losst die verführen.

Richtung Zimmer herst du aus an aundrem Zimmer:
"Hey Schatzl, i muass aufpassen, dass mei Glühstangerl
net scho verher überhitzt,
bevor es obspritzt.

Do schreit da Hawi vuller Freid: "He, Gefährten!
Des kaunn jo heiter werden!"

Doch durch den Suff föhlt dir am nächsten Tog des Göld
und auch die Liebe wor leida nur g'stöllt.

14.12.2012

Do hot's an Schnolza g'mocht

A älterer Herr sitzt auf da Bonk
und denkt z'ruck an die jungen Johr,
er spricht an leis'n Donk,
a, wenns net imma anfoch wor.

Im Herz'n jung geblieb'm,
er könnt schrei'n vor Freid,
owa da Körper hot die Zeit mit g'schriebm,
jojo, mit'n Ölta wird ma g'scheit.

Die Hax'n nimma so stork wies amol wor'n,

von den Erlebniss'n her g'seh'n, is er vül weiser,
ma merkt as Ölta a an die Ohr'n,
die Wölt scheint um einiges leiser.

Er sitzt so do und denkt so noch,
üba olte Zeit'n,
as Leb'm wor wunderschen jedoch,
es wor a net imma leicht, owa dann denkt er an sei Frau, sie wird ihm imma Freude bereit'n.

Sie steht grod daham und kocht a guates Ess'n,
do verspürt er diese Sehnsucht,
wal sie is die Beste, wos er mog, hot sie no nie vergess'n.
Er springt auf, die Freid im Herz'n is a Wucht.

Do hot's an Schnolza g'mocht,
trotzdem fühlt er sich jung
in die Gelenke hot's amol urndli krocht
und er geht hoam mit vül Schwung.

Dahoam steht er in da Küche dann,
grinst und sog zu seiner Frau:
„Liebste schau mich an!"

Du bist die Liabste, die Ollerbeste des woaß i genau.
Sie is sichtlich gerührt,
zwinkert ihm zu,
beide hobm's wieda ihre Liebe g'spürt.
Sie sogt: „Und da liabste Maunn Spotz'l, des bist du.
Daraus kaunn ma vül lernen!

Die wohre Liebe hält für imma jung und kennt kane Grenz'n, sie holt für imma,
sie wird für imma erhellt von den Sternen,
sie zerbricht einfoch nimma.

01.12.2015

Do is da Wurm drin

Ma denkt sich oft: "Des hot jo olles kan Sinn,
do is da Wurm drin.

A richtiger Quirx,
sogor die Gedonken verbirg's.

Ma woaß net ein und net aus,
bist in so ana Situation, klink di amol aus.

Moch a Pause, daunn wird wieder wos draus,
dann kummst weiter im Folle eines Gedonkenstaus.

Is im Opfl da Wurm drin, wird der gonz wach[14],
dann kaunnst'n nimmer essen und des is zach.

Wird schen laungsaum braun
und a jeder waß, dass so a Opfl nimmer guat sein kaunn.
So is a ba da Orbeit, da Schädel steckt und ma bringt nix weiter,

---

[14] wach = weich

drum nimm da die kurze Auszeit zu Herzen, des is
g'scheiter.

Und wennst di gor nimmer ausi siachst,
is es oft net schlecht, wenn'st an Kollegen oder an
guaten bekauunten zur Rate ziachst.

Gemeinsam is ma stärker und es geht mehr
und a zweiter Kopf hülft oft sehr.

08.08.2012

Do legst di nieda

Host an Bledsinn g'mocht,
zerst eh no g'locht.

Dann steigt a Lack'l aus sein Auto aus und du denkst da
schon: Oh Graus,
der schaut grantig aus.

Der Kerl is z'wieda,
wenn die der ane tuscht, legst die nieda!

Er schaut di gaunz Bös' aun,
du grinst und denkst: „Oje, wos hob i taun?"

Wenn da der Muskelprotz ane kleschr,
is er es, der an Ruhm obcasht.
„Entschuldigung mein Herr!"
Wär' cool, wenn er net oll zu grob wär.

Er druckt noamol a Aug zua
und lost di in Ruah.

Gehst glücklich der Stroß'n entlong
und heast an wunderschönen Stimmenklong.

Klor is jo a des süße Mäd'l,
sie geht da nimma aus'm Schäd'l.

Ka Wunder, sie is jo a scho gaunz long a Teil von dir,
is sie mol net do, bist du gaunz wirr.

Sie begrüßt die mit an perfekten Kuss
und sogt: „I erzähl da wos, es is muss."

„Bold samma zu dritt,
is des net a Hit?"

Sie blüht auf wie a Flieder
und du denkst nur: „Do legst die nieder!"

Kurze Zeit später rappelst die auf[15]
Und g'freist di scho vull drauf.

Es kau net schener sein,
owa da Sotz: „Do legst die nieder!" Geht in die Geschichte ein.

11.02.2014

---

[15] aufrappeln = aufraffen

Dreihundert Johr

Erstens, bin i a Steirabua
und kriag vom Leb'm net g'nua.

Zweitens hot die Zukunftsplanung an Sinn,
wal in die Lebensmittel is eh so vü Chemie drin.

Wenn wer Parasiten hot,
san die durch die viele Chemie eh bold tot.
Desholb is ma ans klor,
i leb dreihundert Johr.

Zucker sull die Holtborkeit erhöh'n,
i hob bemerkt, dass do a die Glücksgefühle in die Höh schnöll'n.

Desholb is a süße Freindin perfekt,
weil sovül Zucker in ihr steckt,

dass sie mei Holtborkeit wieder erhöht,
desholb bin i no länger auf da Wölt.

Und an dieser Freid und diesem schenen Tumult,
do is mei Schatzi Schuld.

Bei ihr bin i jedes mol happy,
für sie heb i jederzeit gern mei Cappy[16].
08.09.2014

---

[16] Cappy in diesem Sinne = Kappe, Mütze

Drinnen ka Liacht und draußen schworz

Do kau nix blüh'n, ka Blumen ka Worz,
wenn drinnen is ka Liacht und draußen schworz.

Des gaunze is folgendermaßen entstaunden,
mit solche Sprüch kau i immer wieder mit Locher launden.

Zuhause wor die Familie brav und hot g'orbeitet gonz hort,
dann bin i kummen und hob dazua geb'm mei Wort.

Die Garage wird schen renoviert,
dass es nimmer nässt und damit nix passiert.

Dazu san dunkle Schindeln befestigt word'n,
des is echt sauber g'word'n.

I hob's zuerst dunkel empfunden
und hob mi glei einbunden.

"Bleib des so? Drinnen ka Liacht und draußen schworz."
Es wor a schenes Stück Orbeit drinn a hort's.

As tolle is, zum Glick wor niemand gekränkt,
i hob meine Leit zu an Lachen gelenkt.

Und jetz schaut's as eich aun,
wie toll so a dunkles Tor ausschauen kaunn.

Net amol drinnen is es finster mir hob'm a Liacht und fenster drin,
so is es drinnen hell und von da Optik her a Gewinn.

* Eine wahre Geschichte

07.12. 2011

Dritte Zähne

Dritte Zähne in so jungen Jahren?
Warum? Ihr werdet es erfahren.

Nein, meine Zähne sind nicht schlecht,
sie sind schon recht.

Ja, es sind noch die echten drin,
keiner ist dahin.

Die dritten Zähne wären als Ansporn von Vorteil,
weil ich dann die Zeit vielleicht nicht einfach so verweil'.

Wenn ich mich nicht spute,
dann wünsche ich mir alles Gute.

Denn dann kommen die Zähne in Einsatz,
Langeweile wäre dann für die Katz.

Ich würde mich beeilen,
denn ich möchte nicht mit Biss Spuren am Hintern verweilen.

Die Mühe wäre plötzlich da,
denn die Zähne sind immer ganz nah.

07.09.2014

Ehrlicher Gangster

Wenn ich mal keine Arbeit hätt',
wäre Gangster sein natürlich auch nicht nett.

Ich möchte sie natürlich nie machen,
solche bösen Sachen.

Aber würde ich Gangsterei betreiben,
möchte ich euch das jetzt beschreiben.

Ich würde zu einem Haus hingehen
und noch wertvollen Sachen sehen.

Würde klopfen, mich vorstellen
und die Stimmung etwas Aufhellen.

Schnaps, Bier oder Wein,
was darf es sein?

Solange trinken, bis der Hausherr etwas zu viel erwischt
und der Geisteszustand zwar eingedämpft ist, aber
nicht ganz erlischt.

Schlussendlich will ich ja keinen was tun,
man will ja in der Nacht in Frieden ruh'n.

Oh nein, ich würde nie jemanden ermorden,
aber die gefundenen Schätze würde ich Horden.

Wäre es manchmal ein Witz,
wenn ich durch eine List erweitere den
Sparschweinschlitz.

Man muss die Sache gut gestalten
und mit Köpfchen walten.

Ich will mich höflich benehmen
und mir die Sachen einfach nehmen.

Ich würde sagen: "Oh Herr, diese Brieftasche ist ein Hit,
die nehme ich gleich mit.

Dieser teure Mantel hier ist schön,
der ist es, denn ich mir gönn.

Eine Sache, die du gleich kennst,
wenn in der Garage ein teures Auto glänzt.

Diese Schlüssel hier für Ihren Wagen,
werde ich auch mittragen.

Ins Auto packe ich die Sachen rein,
dann wird das Ganze nicht mehr so schwer sein.

Ist das Haus befreit von Wertsachen, ist es leer und blank,
sag ich: "Oh Herr, haben Sie Dank!"

Sie kommen mir sehr zuvor,
das spreche ich in sein berauschtes Ohr.

Der Bestohlene kann durch die Betrunkenheit nur noch lachen
und kann gar nichts machen.

Kommt die Polizei,
so ist es mir fast einerlei.

Als Gauner bin ich ehrlich
und sage: "Herr Polizist mein Leben ist herrlich."

Die Leute sind so toll
und packen mir meine Taschen voll.

Somit bin ich aus dem Schneider
und der Polizist fährt weiter.

02.03.2015

Ei ei ei

Das Hühnchen hat sich bemüht,
dass das Ei im vollen Glanz erblüht.

Wobei sich der Mensch erfreut,
„Juhu, Eierspeise gibt's heut.

Das Ei wurde in die Speisekammer gelegt,
dort wurde es vergessen und drei Wochen nicht bewegt.

Ganz im letzten Winkel unten,
wurde es schlussendlich gefunden.

Geschüttelt, ui ein Geräusch,
dieses Ei ist nicht mehr keusch.

Geschüttelt, klick klack,
schnell weg damit zack, zack.

In den Wald verfrachtet
und eine Staubwolke betrachtet.

Ein Alarmsignal, welches für uns Menschen blinkt,
weil doch niemand mag, wenn ein Ei stinkt.

09.03.2012

Ein bisschen Taschengeld

Viele gehen als Rasenmäher, Tellerwäscher und
Helferlein durch die Welt,
auch ich verdiene mir ein Taschengeld.

Und zwar mit dichten,
sowie jeder Job Spaß machen kann, muss auch ich auf
den Spaßfaktor nicht verzichten.

Ich habe Spaß dabei und das zählt,
es ist wichtiger als Taschengeld.

Wenn es Spaß macht, macht man es gern,
dass ist doch der Sinn der Sache, der wahre Kern.

Auch wichtig ist,
dass man die Aussage eines Gedichtes nicht vergisst.

Es soll der Menschheit was sagen,
ein paar Dinge hinterfragen.

Egal wie man schreibt,
ob man ernst ist oder fröhlich bleibt.

Es soll immer Freude machen,
egal ob man nachdenken muss oder lachen.

Eine ziemlich schöne Art, sein Taschengeld zu verdienen
und außerdem noch die Herzen von Lesern zu gewinnen.

20.08.2013

Einen Euro

Es gibt da was, was ich nicht ganz versteh,
wenn ich durch manche Gassen geh.

Die Sandler alle so arm,
denn sie haben nichts und in unseren Wohnungen ist es so warm.

Einen Euro, das kann doch nicht so schwer sein,
doch im Grunde gehen auch wir sogenannten reichen dafür in die Firma rein.

Das Leben ist nicht leicht
Und es gibt Situationen, wo das Geld einfach nicht reicht.
Doch dann muss ich mich auf die Socken machen,
dann habe ich später auch was zu lachen.

Nicht herumsandeln,
so wird sich im Leben nichts wandeln.

Was ich auch nicht verstehe, ich würde mich beim Sandeln schämen
und mich an der Nase nehmen.

Selbst den Leuten tut man nichts Gutes,
wenn sie immer nur durchgefüttert werden, um Arbeit zu finden, sie sind dann nie guten Mutes.

Mit Naturalien verhelfen, damit ist es oft nicht abgetan,
Kohle muss ran.

So ist oft das Denken von unseren armen Kollegen,
dass man gar nicht arbeiten kann? Von wegen.

Ein Euro ist vielleicht nicht viel,
aber wenn man immer nur einen Euro nimmt und nie was tut dafür, kommt man nicht zum Ziel.

27.12.2015

1, 2, 3

Eins, zwei, drei und Klappe zu,
wann ist da endlich Ruh?

Des ist eine gute Frage,
drum hör zu was ich jetzt sage.

Da muss schon was Gröberes sein, dass ich mal leise bin,
schweigen kommt mir selten in den Sinn.

Ich bin ich und keine Attrappe,
ja ich habe eine riesige Klappe.

Schlagfertig und mit viel Dampf,
kann nicht mal richtig ruhig sein, wenn i was mampf.

Mein Gott Walter,
für mich gibt's leider nicht mal einen Schalter.

Deshalb danke all denen die an meiner Seite walten
und meine Schwaflerei aushalten.

Bin ich auch ein Bengel,
meine lieben, ihr seid meine Engel.

06.11.2012

Eintritt

Es gibt ein paar Wörter, die versteh ich nicht,
doch am Ende, ihr werdet sehen ging mir auf das Licht.

Auf der Tür steht meistens Eintritt,
man wird gleich wissen, warum ich da in ziemliche Probleme geriet.

Ich marschierte zur Tür, schwang meinen Fuß und trat einmal auf die Tür ein,
ich dachte gar nicht an: „Das darf nicht sein."

Eine Person, es war ein Mann,
öffnete und sah mich von oben bis unten an.

Er fragte: „Was wollen Sie?"
Ich antwortete: „Bitte ein Päckchen Merci, Mars, sowie Mon Cherie.

Ich muss dazusagen, es war ein Lebensmittelgeschäft,
dass ich mir meinen Kram nicht selber holte, wunderte ihn echt.

Brav, wie Geschäftsleute immer sind,
holte er die Waren geschwind.

Ich ging hinein, bedankte mich und zahlte,
nahm meine Waren und strahlte.

Dann ging ich in ein Konzert, wo wiederum stand: „Eintritt".
Ich wieder freudig zur Türe schritt.

Der Portier lächelte, nahm die Karte und sprach: „Treten Sie ein!"
Ich gab der Tür einen Tritt: Der Portier fragte erstaunt: „Wofür sollte das denn sein?"

Ich antwortete: „Es steht ja „Eintritt" und ich halte mich daran."
Er sagte: „Das heißt nur, sie sollen hinein gehen lieber Mann."

„Ah, jetzt verstehe ich,
die Bedeutung war ganz anders für mich!"

Das ich trete gegen ein Tor,
kommt seither nie mehr vor.

04.09.2014

Erdäpfel sondergleichen

Do geht's uns olle gleich, egal ob die Ormen oder die Reichen,
wir san Erdäpfel sondergleichen.

Do geht's niemanden onders, egal in welcher Wohlstandsschicht,
wer is net gern a Couchpotato und um des geht's in der G'schicht.

Wenn i ham kumm, nur kan Stress!
Hetzen? Na wos sull des?

Aufi auf die Couch und diese wärmen,
a guater Fülm bringt mi zum Schwärmen.

So verbring ma an Obend mei Couch und i,
des find i g'miatlich und des is Freude für mi.

A Freindin wär' natürlich a net schlecht,
wal kuscheln wär' scho recht.

Wenn ma a Freindin hot,
kaunnst bilden an Erdäpfelsolot.

Gib da Pforrer an Segen,
werden si auf der Couch a vüle klane Erdäpfel regen.

So hob i a Erdäpfelleben und werd' i a amol olt,
die Couch wird net kolt.

Desholb muass i mei Couch verehren,
glaubt's ma, die Fernseh- und Filmbranche wird si a net
gegen die Bettbonkerdäpfel wehren.

16.02.2010

Fasching

Heute ist der Faschingstag, ein Tag zum witzig sein,
mit der Verkleidung ist es manchmal recht geheim.

Denn man weiß nicht immer wer oder was jemand ist,
da man durch das andere aussehen schon mal jemand
anders ist wie ihr wisst.

Durch den Faschingstag lassen wir die Sau raus
und machen einen lustigen und witzigen Tag draus.

Wir spielen heute wieder um die Ehre und um den Spaß,
der heutige Spieletag wird wieder richtig klass.

Heute sind wir richtig erfüllt mit Power,
doch hoffentlich ist es nicht nur heute so, sondern auf langer Dauer.

09.02.2016

Faschingszeit

Heute ist es wieder soweit,
endlich wieder Faschingszeit.

Man kann sich verkleiden
und Freude verbreiten.

Faschingskrapfen genießen
und die Freude kann sprießen.

Ein bisschen solch eine Freude sollte das ganze Jahr über sein,
dann ist das Leben voller Sonnenschein.

10.02.2014

Fatamorgana

Ein Mann ging durch die Wüste,
verhüllt waren seine Brüste.

Es tropfte ihn der Schweiß,
denn es war ihn sehr heiß.

Er sah eine Wurst
Und ein Bier gegen den Durst.
Da sagte eine schöne Stimme:
„Schau hier her, ich schwimme."

Er traute seinen Augen nicht,
denn da hinten im Sonnenlicht.

War Wasser so hell und klar,
schöner eine Dame noch nie war.

Er ging zu ihr hin,
alles nur Luft, da kam es ihn in den Sinn.

Seine Sinne spielten verrückt,
davon war er gar nicht entzückt.

Nur die Geier wissen ob er noch Wasser fand,
hier im Wüstenland.

Ein Mann, braungebrannt kam heim,
kann er das sein?

07.12.2011

Fauler Sack

Leider denk ich mir Tag für Tag,
ich bin ein ganz schön fauler Sack.

Jeden Tag nehm' ich mir vor,
heute geht was weiter, heute öffne ich das Erfolgstor.
Leider ist immer alles andere wichtiger zum Beispiel das Internet,
surfen ist doch ganz nett.

Häng ich mal nicht am Computer dran,
findet sich was Anderes und dann.

Gibt's da auch noch den Fernseher,
nach einer Sendung auszuschalten fällt ganz schön schwer.

Auch vorm Keyboard,
ist die Zeit sofort fort.

Dann ist da ja auch noch die Wohnung aufzuräumen,
oder sich vorm Spiegel im Bad aufzubäumen.

Schafft man dies alles zu entrinnen,
fang ich trotzdem an zu spinnen:

Denn da gibt es ja auch noch das Tagträumen
und auch das Essen möchte man nicht versäumen.

Schule bleibt links liegen,
dann bilden sich diese Wissens-Stiegen.

Das Wissen ist dann schwer zu erklimmen,
und man muss im Unterricht leider oft einfach so mit schwimmen.

Dann kommt auch noch das Schamgefühl,
es sieht nämlich so aus als lies mich das Lernen kühl.

Dem ist zum Glück nicht so,
naja, vielleicht packt mich der Mut und ich setz mich wirklich mal auf meinem Po.

Einfach so um Wissen aufzuholen,
um die Zeit gut zu machen, die ich mir hab gestohlen.

15.09.2014

Falsch verstanden

Man kann ganz schön in einem Fettnapf landen,
hat man was falsch verstanden.

Hier ein paar Beispiele,
in einem Leben gibt es davon viele.

Dir sagt jemand: "Ich habe mir den Magen verdorben."
du verstehst: "Er ist in den Tagen verstorben."

Du erzählst: "Ich habe mir verstaucht den Fuß."
Sie hat verstanden: "Meine Wenigkeit braucht einen Kuss."

Die Dame gibt dir einen Kuss,
mit der Jammerei ist jetzt Schluss.

Der Fahrlehrer sagt: "Nimm den Fuß vom Gas!"
Du verstehst: "Dein flotter Fahrstil ist echt krass!"
Doch fast egal, wenn man mal was falsch versteht,
wichtig ist, dass nichts in die Binsen geht.

Entschuldigung, wenn durch ein Missverständnis sich mal hat ein Gedanke von dem Tod eines anderen hat an gebannt,
so etwas würde ich nie jemanden wünschen, da haben meine Ohren etwas falsch erkannt.

Mir tut jeder leid,
der trägt sein letztes Kleid.

Nicht deprimiert sein liebe Leute, bitte habt wegen einer Falschaussage von mir keinen Durchhänger,
die gute Nachricht ist, Todgesagte leben länger.

Doch entsteht wirklich mal ein Missverständnis bezüglich einen Kuss, so hätte ich nichts dagegen,
im Gegenteil, für mich wäre es ein Segen.

28.12.2015

Frechdachs

Die Nacht war lang,
zäh ist zum Bad der Gang.

"Huch wer bist den du?
Da würd's dich glatt hauen aus den Schuh.

Morgentoilette erledigt,
pfeif auf Nachrichtenpredigt.

Hinein in den Tag
und er beginnt genau wie ich in mag.

Dort drüben vom Eck,
kreuzt eine hübsche Dame den Weg.

Im vorbei gehen bekam sie ein Bussi,
ja man darf, denn sie ist süß und bekannt und keine Tussi.

Dem Schatzi darf man dies verpassen,
es passiert täglich und ich kann's nicht lassen.

Sie hat sich gefreut
und mein Herz hat es nicht bereut.

Manch einer der als Frechdachs durchs Leben geht,
kann sein das ihm dies gut steht.

21.02.2013

Frischluft

Du stehst in der Bim,
denkst an nichts Böses und plötzlich wird es schlimm.

Es verbreitet sich ein fieser Duft,
die Nase ringt nach Frischluft.

Du schaust herum,
jeder rümpft die Nase und jeden haut es fast um.

Du denkst: „Wenn es mich umhaut, muss ich
aufpassen, dass ich gegen nichts Spitzes krache
und suchst nach der Ursache.

Der Duft verbreitet sich im Nu,
alle jammern und halten sich bereits die Nase zu.

Du weißt nicht wer das war
und plötzlich hörst du jemanden, der steht neben dir
ganz nah!

„Bello! Musste das schon wieder sein?
mit deinem Gestank gehst du noch in die Geschichte
ein!"

Jetzt weiß man es, es war der Hund,
alle verhüllen bereits Nase und Mund.

Da, endlich! Die Bim steht,
es gibt niemanden, der bloß geht.

Alle stürmen aus der Bim hinaus,
denn diesen Gestank hält keiner aus.

(frei erfunden)

16.12.2012

Fröhlichkeitstopf

Ich habe mal gehört, bevor man ein Baby wird,
schwimmt man in Abrahams Topf herum,
eines Tages nahm er seinen Suppenschöpfer dieses Trumm.

Er fuhr damit in seinen Kessel rein,
es sollte mein Glückstag sein.

Den Schöpfer seinen tollen,
nahm er wieder raus, aber diesmal den vollen.

Zwischen abertausend kleinem Fischleins, war ich mitten drin,
Plötzlich ergab alles seinen Sinn.

Ich sollte jetzt da runter,
Erde nennt sich der Planet und schon war ich fröhlich und munter.

Unten angekommen,
waren wir mehr und wir haben uns die Entwicklung vorgenommen.

Dann kam der Tag, wo wir aus der Gegend raus mussten,
dass es kalt war, dass ist es, was wir wussten.
Alle Babys weinten,
„So kalt!" Das ist es, was sie meinten.

Ich bin anscheinend in einen Fröhlichkeitstopf gefallen,
denn ich war das Fröhlichste von allen.

Ich wusste damals schon, dass du die Herzen der Damen gewinnst,
wenn du immer fröhlich grinst.

So ist es halt,
heute wäre ich für ein Baby schon ein bisschen alt.

Doch Jubel, Trubel, Heiterkeit,
sie ist mir geblieben, die Fröhlichkeit.

11.05.2014

Funkloch

Er fuhr so durch die Straßen
und konnte sein Glück kaum fassen.

Zwar unterwegs und noch Kilometer vor sich in Massen,
doch da war was Beruhigendes und das wollte er nicht lassen.

Die Stimme vom Schatz,
für die ist doch immer Platz.

Über Bluetooth mit dem Handy verbunden,
hatte er Glanz in den Augen und drehte seine Runden.

Doch wie das Schicksal so will,
versteht man, durch Funklöcher auf den Straßen nicht immer viel.

So kam folgende Geschichte raus.
"Schatz,......Haus."

"I......vorbereitet für.....Freund der kommt.....,
....prompt."

"Ich hab...... Gummi..........,nichts genützt,
da hab ich....., unterstützt."

"Er freute sich so sehr,....... wollte mich...... gar nicht mehr loslassen,
die Momente dieses Glücks..... ich kaum fassen."

"Ich.... wieder ruhen,
ich würde es wieder tun."

"Na gut Schatz, ich leg jetzt auf,
....Freunde..... wieder gut drauf."

Na dann.... bald.... ich .... mich,
.... ich ....dich!

"Darauf war der Gatte nicht ganz entzückt,
dass seine Frau während seiner Abwesenheit andere beglückt."

Enttäuscht fuhr er heim:
"Ich dachte mein Schatz ist ein Engel, das kann doch nicht sein."

Da war noch sein Sohn Jonas:
"Wie erkläre ich ihm das?"

Zuhause angekommen,
hatte er die Situation wieder anders angenommen.

Sein Schatz war nicht da!
Na ja!

Darauf ging er
zum Anrufbeantworter.

Er drückte den Knopf und hörte die Geschichte noch einmal.
Doch ist sie wirklich eine Qual?

Es kam folgendes dabei heraus.
"Schatz, ich bin unterwegs, also nicht im Haus."

"Ich habe alles vorbereitet für Jonas' Freund der kommt,
kurz nach drei stand seine Mutter vor der Tür ganz prompt."
"Ich habe nach Süßigkeiten gesucht und Gummibären gefunden doch die mochte er nicht also haben sie nichts genützt,
da habe ich Schokolade gekauft und somit "Fair Trade" unterstützt."

"Er freute sich so sehr, er wollte mich vor Freude gar nicht mehr loslassen,
die Momente dieses Glücks konnte ich kaum fassen."

"Ich kann nach diesem Kauf wieder ruhen,
ich würde es wieder tun."

"Na gut Schatz, ich leg jetzt auf,
die zwei Freunde wollen was essen und sind wieder gut drauf."

Na dann sehen wir uns bald, komm gut heim ich freue mich.
Schatz, ich liebe dich!

11.06.2013

Ganz munter den Berg hinunter

Heit samma dabei,
bei a Rollerei.

Mir legen uns olle hin,
der Spaßfaktor is der Sinn.

Dann geht's ganz munter,
den Berg runter.

Dann steh' ma wieder auf
Und rennen wieder den Berg hinauf.

Dann leg' ma uns wieder hin und rollen und rollen,
wal ma heit a Gaude wollen.

Die Nadine is a live dabei,
wos ondere denken, des is uns einerlei.

So geht, des gonz long und is uns dann schlecht,
dann g'schiacht's uns nur recht.

23.07.2011

Geh na

Liabe Leit es is leider so und ohne Quatsch,
i bin a gonz schena Tollpatsch.

Wüll i wos tuan,
drahn sie si dagegn die Uhan[17].

Egal ob Spagetti hexeln,
oda CD wechseln.

Schneid i Spagetti zomm,
wird' i sicha an Fleck am Leibl hom.

Wechsel i die CD,
hau i die Hüll'n owi, is ka Schmäh.

Wal i net aufpassn kaun und monchmol a Trottl bin,
is des G'schachtl sicha hin.

Kumm ma zerst so guat voa,
fliag' olls, schau i wia a noa.

---

[17] Uhan = Uhren

Das des owi fliag, I hob moistens a Voaahnung,
trotzdem moch ma weita bis unt'n lieg, monchmol hob
ich in meina Vas'n an Sprung.

Bleib ma mol wieda nix onders über als mi zu
entschuldigen
und die noch heilen Trümma zu huldigen.

11.05.2014

Gonz oder gor net

Gonz oder gor net,
wer a Glotz'n hot, hot kane Hoor net.

Wer onders ausschaut, is net bled,
vielleicht is grod der des, der in die Geschichte eingeht.

Egal von wo der Wind weht,
gonz oder gor net.

Wenn ma wos mocht, dann moch's g'scheit,
dann san die Türen in die Zukunft offen weit.

Bemühst di, dann kummt mit da Zeit,
immer mehr Jubel, Trubel und Heiterkeit.

29.03.2012

Grille mit Sonnenbrille

Ich sitz da am Strand,
Palmen vor Augen, einen Cocktail in der Hand.

Die Sonne blendet,
weil sie die Strahlen genau auf mich wendet.

Dann fische ich die Sonnenbrille raus
und schau total witzig aus.

Wie eine Grille,
mit Sonnenbrille.

Wie ein Käfer kann ich mich auch nicht mehr bewegen,
ich liege auf dem Rücken und die Faulheit spricht dagegen.

So scheint mir die Sonne auf den Bauch,
ein bisschen Sonnencreme tut's auch.

Dann verbrennt es mich nicht,
das natürliche Licht.

Dreh ich mich auf den Bauch, bräunt sich der Rücken,
Entdeckung, wenn dann die Edelgase drücken.

Ozonbelastung hoch drei
und ich bin leider mit dabei.

Naja, trotzdem schönen Urlaub und schönen Gruß von
der Grille,
mit Sonnenbrille.

26.08.2013

Hallo

Der Tommy, ja der suchte und fand,
die Nummern an der Klo Wand.

Voll verwundert legte er nach der ersten Nummer auf
und dachte: „Das kann nicht sein!",
denn es brüllte ein Mann ein: „Hallo?", ins Telefon
hinein.

Meine Güte, jetzt schämt er sich:
Er dachte: „Eine Männerstimme ist bei so was ja nicht
üblich.

Doch Tommy ging zum Klo zurück
und versuchte erneut sein Glück.

Doch auch der nächste Versuch brachte ihn Kummer,
den es hieß: „Kein Anschluss unter dieser Nummer.

Doch Tommi gab so schnell nicht auf
und starrte nochmals zur Wand hinauf.

Voller Freude tippte er die Nummer ein,
ein: „Hallo?", sprach seine Mutter rein.

Die Stimme hat er gekannt,
nur die Nummer war ihm unbekannt.

Einen Versuch startete er noch,
mit dem Gedanken, das muss klappen doch.

Es hat geklappt,
doch Tommy hat kurz nach Luft geschnappt.

Er hörte eine erotisch angehauchte Stimme,
das „Hallo?", war das Schlimme.

Sofort hat er aufgelegt,
weil er solchen Kontakt mit Männern nicht pflegt.

Hat er auch viel Zeit vor der Wand verweilt,
von diesen Anrufen ist er geheilt.

30.06.2014

Großer Bruder

Eigentlich sind wir Drillinge,
übrig geblieben sind Zwillinge.

Trotzdem habe ich einen großen Bruder,
die kleinen sind oft lästig, ich bin manchmal ein
schönes Luder.

Er hat mein Leben erhält,
warum, dies wird in diesem Gedicht erzählt.

Zuerst schauten wir uns recht ähnlich, wie Zwillinge halt,
aber das änderte sich bald.

Das Aussehen wurde verschieden, einer groß einer klein,
trotzdem werden wir immer Zwillinge sein.

Er wurde größer als ich und brachte mir sehr viel bei,
das Leben ist schöner, sind da zwei.

Besonders wenn es um meinen Bruder geht,
sprich ich um ein großes Vorbild, welches hinter mir steht.

Durch ihm hatte ich für vieles Mut,
seine Gesellschaft tat mir immer gut.

Wie beim Film "Twins" ist der Größenunterschied enorm,
dass entspricht nicht ganz der Zwillingsnorm.

Er ist groß und recht fesch,
wertvoller als aller Cash.

Ich bin klein geblieben
und hab so manchen Unfug getrieben.

Zum Film "Twins" macht sich eine Ähnlichkeit,
recht breit.

Wie auch immer, ich bin stolz auf meinen großen Zwillingsbruder,
wenn mein Lebensschiff mal schwankt, übernimmt er die Ruder.

Dies ist richtig toll,
so läuft alles, wie es soll.

17.07.2013

Haut's ob den z'reißts

So an komischen Druck im Bauch,
unsichtbor, ma merkt net amol an Rauch.

Aufpassen, bei Gläser, des wird a Wickel wackel,
owa sonst a lautes Spektakel.

Wenn ana druckt,
kau scho passier'n dass ana oll's umi spuckt.

Wal, wenn er aus kummt und es stinkt
und vielleicht no ana isst, muasst aufpassen, dass er net
vor Gestaunk obwinkt.

Wenn ana gor net mehr aufhert und scho fost olles vull scheißt,
schaut ma liaba, dass ma ob reißt.

Wal es nix guates heißt,
wenn's an vor lauter Gase schon fost z'reißt.

Doch des Opfers Blick, donkbor kummt er z'ruck,
wal weg is er, der orge Druck.

Is er jetzt a rund um g'sund, von Kopf bis Fuaß, ka
Druck in Darm und Hüften,
empfehlenswert wär' trotzdem lüften.

26.09.2014

He

A orges Wort ohne Schmäh,
is des Wort "He".

Denkst da nix dabei,
du wüllst es g'mirtli und dir is olles einerlei.

Do kummt ana und schreit die aun, "He!"
Du darauf: "Wos wüllst den tuat da da klane linke
Zech'n weh?"

"He olta wo is'n do as nexte Klo?
Mir druckt die Blos'n so!"

"Erstens da he hoaßt Thomas,
zweitens as Klo, am Ende vom Gaung hommas.

Anscheinend steht's um seinen Druck wirklich knopp,
wal der schwirrt gonz schnöll ob.

11.02.2016

Heiliger Bim Bam

Wenn die Glocke läutet, dann machen sich Menschen bereit,
für die Kirchenzeit.

Der Mesner hängt an der Glocke,
gut rauf gezogen ist Socke um Socke.

„He heiliger Bim Bam! Ich und meine Freundin die kesse,
wollen zur heiligen Messe."

Der wollte grade Antwort geben
und rutschte ab, so ist das eben.

So begann er zu läuten,
dass kann nur eines bedeuten.

Die Leute stürmten in die Kirche rein,
der Mesner schrie noch „Oh nein!"

Es war für die Messe noch zu früh,
es war unabsichtlich diese Müh'

14.06.2012

Herum albern

Der Tag fängt ganz gemütlich an,
weil ich fernsehen und herum albern kann.

Jedoch ist es draußen einmal hell,
vergeht der Tag viel zu schnell.

Mittagessen,
bloß nicht stressen.

Schön gemütlich ran an die Sache,
ich denke oft, dass ich tagsüber ganz viel mache.

Doch wie gesagt, sie vergeht viel zu schnell die Zeit,
schon mache ich mich wieder für die Schule bereit.

Drinnen sitzen und zuhören,
am nächsten Tag auf ganz viel Arbeit schwören.

Doch der Tag läuft wieder gleich ab
und schon wieder ist die Zeit knapp.

So geht das Ganze, bis ich richtig genervt bin,
dann setz ich mich doch zur Aufgabe hin.

Herum albern bringt leider nicht viel,
im Leben weiter zu kommen ist das Ziel.

Deshalb bin ich froh, dass ich manchmal doch was schaffe
Und nicht bloß Fernseher gaffe.

30.10.2012

Hexebinchen

In der Firma geht es immer lustig zu,
da hat man zwar Arbeit aber auch Spaß in Nu.

Heute geht es um unsere Hermine,
die verfolgt hier immer fleißig ihre Termine.

Sie hat einen ganz lieben Spitznamen,
auf den wir heute zufällig kamen.

„Hexebinchen" wird sie liebevoll genannt,
dieser wurde wegen früherer schwarze Haare und einer schwarzen Katze bekannt.

Mit Tarot Karten hat sie oft Zukunftsprognosen gelegt
Und dadurch interessante Sachen gepflegt.

„Blacky" der Name der Katz,
er war ein ganz süßer Fratz.

Mit seinem weißen Fleck, er dann meistens auf der Schulter saß,
worauf unser „Bienchen" nie aufs Knuddeln vergaß.

Ganz lieb und überhaupt nicht Hexenähaft,
sind wir froh sie zu kennen, denn sie hat es auch zu uns
in die Firma geschafft.

(Name wurde frei erfunden)

22.05.2014

Himmel Arsch und Zwirn

Himmel, Arsch und Zwirn,
was soll denn hier passier'n?

"Aus, Schluss!"
Doch der Freund ist vertieft in seinem Kuss.

Er küsst seine Freundin ganz munter,
verärgert ist Papa Gunther.

Er schreit: "Ja was soll denn das noch?"
Darauf die Tochter zum Freund: "Küss mich doch!"

27.01.2016

Himmel Orsch und Zwirn

Im Verkehr,
do geht's heiß her.

Die Autofohrer hob'm Stress,
„He, wos sull den des?"

„Himmel, Orsch und Zwirn!", ana schreit. „Jetzt is es soweit,
sog' amol host du ka Hirn? Himmel, Orsch und Zwirn!"

„Zwickt mi do, des is jo vull g'fährlich!
Jo ehrlich!"

„Fost wär' i da aufg'fohren,
dann kaunnst da dei Entschuldigung a sporen!"

„Dann is dei Goag'n[18] hin,
sog hot des an Sinn?"

Wie er so weiter fohrt,
wird's wieder hort.

Eng geht's her:
„Jo bitte sehr!"

„Himmel, Orsch und Zwirn,
i kau des net kapier'n!"

„Olle miassen's mi Schneid'n,
jo muass denn des sein?"

Na dann hoff ma, dass der Herr glei ham kummt,
dass er dann sei Ruah hot und nimmer brummt.

---

[18] Goag'n = Auto

10.02.2014

Himmel Schimmel schwarzes Ross

Himmel Schimmel, schwarzes Ross,
was ist dem mit meinem Pferdchen los?

Es mag kein Heu und wenig trinken,
will sich ständig waschen, mag anscheinend nicht stinken.
Trotzdem ist es munter und quietsch vergnügt,
ab und zu ist es extrem entrückt.

Es frisst wenig Gras und viel mehr Blumen,
es rennt herum und hat anscheinend mehr Mähnenvolumen.

Himmel, Schimmel, schwarzes Ross,
wie macht das mein Pferdchen bloß?

Ein gewisses Wiehern ist für mein schwarzes Ross,
ganz famos.

Komisch, wie es sich großmacht und nach oben schiebt,
jetzt verstehe ich, mein Pferdchen ist verliebt.

Dort drüben steht eine Pferdedame,
die ist viel schöner als die auf der Tafel der Reklame.

Er macht Männchen und hofft, sie steht drauf,
dann plustert er sich auf.

Dann bringt er ihr eine Blume hin,
sogar mein Pferdchen hat einen Liebessinn.

Er ist schwarz und sie ist weiß,
Gegensätze ziehen sich an, vielleicht findet er sie gerade deshalb heiß.

12.08.2014

Hülfe noss

Am Himmel wird's grau,
vergongen is des schene blau.

Es schaut komisch aus außen
und i bin draußen.

Wüll'st di ham bewegen,
plötzlich kummt da Regen.

Schen, das so owa nässt,
walst sunst jo a trockenes G'wandl häst[19].

Wos hülft as umanaund fieseln,
loss i mi holt berieseln.

Wird ba Nässe nix hin in da Tosch'n,
wos sulls, wirst holt g'woschn.
Daham kaunnst di eh umziag'n

---
[19] häst = hättest

und dein Tog in trock'ne Soch'n owabiag'n.

14.08.2011

I bin a echter Bauernbua

Von Speck, Würstel und solche Soch'n kriag i net g'nua,
i bin a echter Bauernbua.

Bin net groß, sölbst a Zwerg,
desholb aufgwochs'n auf an Berg.

Viecha g'streichelt und wenn ma Hei georbeitet hot,
woa ma meistens a bissl rot.

Owa trotzdem, as Traktorfoah'n und as Helf'm wor und
is imma a ries'n Hetz,
wal des meistens lässig is, gaudig zur geht's.
A fesches Steirerg'wand,
auf a guate Musi imma g'spannt.

Stulz aufs Steirerlond,
gern a fesches Mad'l an da Hond.

Des G'wand und a Gaude gehör'n dazua,
zum echt'n Bauernbua.

11.02.2015

I hob so gern worm

Egal ob reich oder orm,
i behaupt amol, wir hom olle gern worm.

Besonders in da Friah,
mog i as Aufstehen nia.

Muasst aussa aus dem wormen Bett
und aussi in die Költ'n, olta des is a g'frett.

Raus in die Költ'n im Winter weg von da Hitz,
g'friast da fost olles ob, Wahnsinn, des is a Witz.

Ziachst die worm aun,
sodass da jo net kolt werd'n kaunn.

Kaum setzt an Fuaß vor die Tür,
schon is des grausig, wos i spür.

Da Wind der kolte bloßt da ins G'sicht,
is des normal? Des mog i nicht.

So a Brise is jo gonz in Ordnung,
owa bei a Költ'n ziachts mi zaum, des bringt mi net in Schwung.

Do ziagts mi zaum wie a Schneck
und i verkriachat mi liaba in a wormes Eck.

Auf'd Nocht scho fost zomm g'froren,
jo für Wärme bin i geboren.

Also rein in die Badewanne,
mit Wormwosser volle Kanne.

Doch do hot mi as nächste Ereignis g'schlaucht,
as Wormwosser hob i für heit scho aufbraucht.

As Wosser is kolt,
na do werd i net olt.

Also raus aus dem Grauen,
meinem Bettchen kaunn i vertrauen.

Rein in den Pyjama und ab ins Bett,
des is die Wärme, die i togsüber a gern hätt'.

12.09.2014

I steh net nur auf Frau

Liabe Leit, ans is kloa,
siacht a Hawi a fesch Frau, jo boah!

Dann geht's rund, dann geben die Gefühle Gas,
dann wird's richtig haß.

Dann werd'n die Herren,
zu richtige Bären.

Dann samma zu Sachen im Stande,
wie sunst nur die Helden im Lande.

Owa ans is org, i steh net nur auf Frau,
i steh a auf kolt'n Kakao.

Der bringt mir so richtig Glück
und holt mei Fröhlichkeit zurück.

Is amol ka Frau do,
dann moch mas holt so.

Her mit an Hef'm, a guate Mülch rein,
a Kakaopulver dazua und des Trankal wird perfekt sein.

Is a Frau in deren Nähe und Anblick, zusätzliche Freude erweckt,
dann is echt olles perfekt.

14.10.2014

Ich geh noch lange nicht

Wenn ich auch mal in Pension bin,
ich lebe lange und werde einfach nicht hin.

Der Hunderter kratzt,
doch es gibt einen der schmatzt.

Nicht mehr viele Zähne haben gehalten,
doch die, die noch sind, geben sich Mühe beim Walten.

Mein Körper gibt nicht auf
und ich bin gut drauf.

Eines nachts klopfte es an der Tür,
dass ich gerne und laut Musik höre, kann ich nichts dafür.

Ich öffnete und da stand er mir ganz nah, der schwarze Herr,
dürr und knochig war er.

Sein Atem roch nach Schwefel,
was er von mir wollte war ein Frevel.

"Komm mit,
vorbei ist's mit fit."

"Du bist alt,
mit meiner Sense mach ich dich kalt!"

"Lieber Sensenvater, ich will deine Illusion nicht verwischen,
aber du musst mich erst erwischen!"
Dies begann ich zu zischen.

"Bilde dir bloß nichts ein,
mit dir wird es bald vorbei sein!"

"Haha, dazu lieber Sensenvater, brauchst du viel Geduld,
dass ich jetzt Sport mach und noch länger lebe bist du schuld."

Dann ist dem Herrn der Kragen geplatzt,
doch er hat seinen Sensenschwung verpatzt.

Er zog durch, ich sprang hoch
und in der Mauer war dann ein Loch.

"Vater, mein Haus, meine Sitten,
dieses Loch musst du jetzt kitten."

Durch seinen Übereifer begannen sich die Situationen zu verstricken,
er hackte bei seinem Mantel ein:

"Vater, dass kann doch nicht sein,
jetzt musst du deinen Mantel flicken.

"Ach du zäher Hund!"
"Ich weiß lieber Vater, zum Mitgehen bin ich noch zu gesund!"

Der Sensenvater war von Natur aus schon bleich wie Kreide,
zusätzlich verlor er durch Spielereien auch noch seine Schneide.

"Vater, ich geh noch lange nicht,
dass Leben zu genießen ist meine Pflicht."

Mit gesenktem Kopf musste er aufgeben
und ich liebe Freunde darf weiterleben.

29.01.2015

Ich lasse einen Fahren

Haltet mich bitte nicht zum Narren,
aber ich lasse öfter, als ihr denkt einen fahren.

Ja, ja ich weiß schon was ihr denkt, ja, des Öfteren
kommt er auch intern,
aus dem Hintern.

Doch meine ich auch,
das Reisen, dass ist es was ich brauch.

Zwar habe ich auch einen Führerschein,
doch lebe ich auf der gemütlichen Welle, wie soll es anders sein?

So mach ich mich auf den Beifahrersitz breit
und genieße die Fahrtzeit.

Lass die anderen schalten
und walten.

Vergesse alle gefahren,
denn ich habe keinen Stress, ich lasse einen Fahren.

22.07.2013

Ich sehe rot

Eigentlich will ich doch immer brav sein,
doch manchmal trügt der Schein.

Manchmal sehe ich rot
und begebe mich und andere in Not.

Ist es auch nicht immer gefährlich,
die Taten sind nicht immer ehrlich.

Doch geht man bei Rot über die Straße,
kommt ein Auto, fällt man nicht in Ekstase. [20]

---

[20] Ekstase = Verzückung, Begeisterung

Renn was das Zeug hält,
man muss Acht geben, dass man nicht auch noch hinfällt.

Auch, wenn kein Fahrzeug kommt,
ist das Überqueren eine Straftat prompt.

Manches Mal muss es leider sein, wo ich die Frechheit besitze,
wo ich obwohl ich Rot sehe noch schnell drüber flitze.

14.11.2013

Im Flugzeug

„Ab in den Flieger,
der erste ist der Sieger!"

So tummelt sich die Schulklasse in den Flieger rein,
jeder will der Erste sein.

Die Professorin ruft: „Schön langsam Thomas, du rennst ja!"
„Ich will ans Fenster!"

Alle sitzen,
die ersten beginnen zu schwitzen.

Weil es grauslich ist, wenn du bangst,
vor lauter Flugangst.

Leider keine Chance mehr sich zu verpissen,
weil bereits die Luken schließen.

Ab geht's in die Luft,
im Flieger sitzt natürlich auch so mancher Schuft.

Das merkt man beim ersten Luftloch,
wo man ganz schön absackt, ja doch.

Hinter den Flugängstlichen sitzt ein Wicht,
welcher schön laut sagt: „Oje, heil ans Ziel zu kommen,
das schaffen wir sicher nicht.

Bei so manchen hat sich der Magen gehoben,
der Flugängstliche beginnt zu toben.

„Hilfe! Grüßet meine Erben!
Heute werden wir alle sterben!"

Der Wicht der lacht,
bis plötzlich auch die Professorin aufwacht.

„Jetzt hör halt auf ihn zu quälen,
er ist so arm, schau er beginnt schon seine letzten
Sekunden zu zählen.

Als die Professorin wieder zur Ruhe kommt,
kommt das nächste Luftloch prompt.

Der Wicht natürlich wieder fröhlich glotzt,
anders ist nur, dass jetzt der erste kotzt.

Die Professorin ist damit beschäftigt, das Sackerl zu halten,
als sie nun eine Ansage schalten.

„Wir befinden uns nun im Landeanflug,
bitte Nase zuhalten und pusten bei Ohrendruck."

„Bitte anschnallen nicht vergessen,
denn es will sich ja niemand verletzen stattdessen."

Am Boden angekommen,
sieht der Flugängstling vor Angst noch ganz verschwommen.

Doch das ist ihm recht einerlei,
denn endlich ist die erste Fliegerei vorbei.

11.12.2013

In da Sauna

Schau'n tuan in da Sauna,
nur die Gauner.

Da Sinn is es, drinnen zu sitzen
und ordentlich zu schwitzen.

So mancher sich dazu gesinnt,
damit a er ausrinnt.

So monche Bazüll'n,
stirbt do drin gegen ihren wüll'n.

Für Leit mit schwochen Kreislauf is jetzt Schluss,
denn jetzt folgt der Aufguss.

Hurtig steigen an die Grade,
ma is noss von Kopf bis zur Wade.

A da Rest bleibt net verschont,
olls is noss, des is ma in a Sauna g'wohnt.

As Herz druckt als wia,
sovül Stress hot's bei da Orbeit nia.

Bevor ma zageht,
is vom Obkühlen die Red.

Vom Hoaß ins kolt,
a schwoches Herzerl wird do net olt.

Dann wird's sogor dem, z'bled
Der so manchen z'vü steht.

Im kolten Wosser geht er ein,
irgendwo muass für olle Gleichberechtigung sein.

31.01.2015

Interessante Straßenregel

Ordentliche Nadeln und guter Stacheldraht,
machen dir die Reifen platt.

Ich hörte nie was von einem Straßenbeagle,
jedoch wohl was von einem Straßenigl.

So liebe Leute dachte ich mir,
ich sehe auf der Straße vermutlich ein Stacheltier.

Sehe ich eines der gleichen,
wollte ich ihm ausweichen.

Von 100 Igl war die Rede,
ich dachte mir nur: „Alter Schwede!"

Doch kein Tier war auf der Autobahn zu sehen,
was ist den bloß geschehen.

Ein Feinstaubhunderter soll die Luftverschmutzung vermindern
und somit die Luftverschmutzung lindern.

So war mir klar,
dass dies bloß eine interessante Straßenregel war.

16.08.2013

Ironie Nie

Fällt ein Teller runter:
„Toll gemacht!" Schrei ich ganz munter.

Tut weh das Knie,
sag ich: „Boah, so schwer ist sie?"

„Vom Knien, robben und eben,
es kommt vom Heben."

Ein Moped fährt bei Rot in die Kreuzung rein,
ich sagte nur: „Uh, das kann gefährlich sein."

Das Kind sagte zum Bussi nein,
das geht in die Geschichte ein.

Ich weiß nur eines, Blödheit, Tollpatschigkeit und Ironie,
dass sind Dinge, die kenn ich nie!

31.01.2015

Jahresringe

In der Jugend fühlt man sich jung und frisch,
legt so einiges unglaubliches auf den Tisch.

Die Jungen bleiben lange wach,
wer müde ist, ja der ist schwach.

Wer feiert bis in den morgen rein,
der geht in die Geschichte ein.

Auch in der Arbeitswelt will man beweisen,
ich kann auch Bäume ausreißen.

Doch jede Geschichte, die man erzählt,
der Körper in Erinnerung hält.

Ab vierzig manchmal schon sehr früh,
gibt man sich um sie zu verstecken seine Müh'

Der eine hat weniger, der andere mehr, dem einen ist es egal,
den anderen stören sie sehr.

Zuerst merkt man es kaum,
doch sogar bei uns Menschen ist es, wie bei einem Baum.

Ganz ehrlich und so ist der Stand der Dinge,
auch wir bekommen Jahresringe.

Falten werden sie auch genannt,
sie sind der Kosmetikindustrie wohl bekannt.

So ist es wie in den Wäldern,
mit jedem Fältchen wird man ein wenig ältern.

Jedoch und ganz gewiss,
es ist halt so, wie es is.

Es gibt Lachfalten und viele mehr,
für jedes Fältchen gebührt dir ehr.

Genieß dein Leben und deren Verlauf,
jedes Fältchen erzählt eine Geschichte, also sei stolz drauf.

07.02.2015

Jetzt kann ich eine blasen

Ich tue meine Meinung kund,
zum Blasen habe ich jeden Grund.

Ich kann nichts machen, wenn ihr jetzt komisch denkt,
wenn ihr die Gedanken in die falsche Richtung lenkt.

Es geht da um keine Damen und nicht um Sex,
um keine Freundin, um keine Ex.

Ich blase trotzdem, wann immer ich will,
einen guten Ton raus zu bekommen, ist mein Ziel.

Ihr könnt euch wahrscheinlich schon denken, es ist
etwas, was jeder kennt,
es geht um ein Instrument.

Ja eine Trompete kann ich immer blasen
und muss nichts zahlen, ich kann es lassen.

03.04.2015

Jetzt reicht's

Mochst Aug'n und bist laungsaum wie a g'miatlicher
Karpf'm,
dann kerst in die Harpf'm.

Stinkst wie a Fadl,
dass deine Mitmensch'n Aug'n moch'n wie a Pfluagradl.

Dann kerst in die Dusch,
ka Widerrede und gusch.

Wüllst mit'n Schäd'l durch die Wond,
gibt's trotzdem Leit, dei hom die Überhond.

Wüll dei Schatzal dir a Bussal geb'm owa olles ondere is
zerst wichtiger, olta holt stüll,
so a Bussal, gib Energie und zwor sehr vüll.

Wenn ma Probleme so long vor sich her kickt,
bis an auf die Papp'm pickt.

Dann sog i, dass es mir reicht,
wennst amol in sauern Opfl beißt, dann wird's Leben
wieder seicht.

Gib Gas und pock's aun,
wal ma mit Motivation sovül erreichen kaunn.

02.03.2015

Jo olta wos geht den do ob

I hob di g'seh'n,
i blieb vull aung'wurzelt steh'n.

So a Schönheit, Burschen hot's des scho mol geb'm,
wenn jo, i hob's no net g'sehn in meinem Leb'm.

Wennst ihra aunschaust, muasst aufpassen, dass du
dastehst
und net sofort in die Knie gehst.

Jo olta, i holt mi fest,
wos is'n des für a Test.

Do kummt sie her,
Da, da, das Reden fällt mir schwer.

Da sagt sie: „Gaunz ruhig Spatzal,
suach ma uns a ruhiges Platzal.

Do kaunnst die dann beruhigen und dann is glei leichter,
wenn ma a bissal g'sprochen hom is as weiter reden glei seichter.

24.03.2013

Klimmstängel

Es geht mächtig ins Geld
und trotzdem ist es für viele Menschen fast alles, was zählt.

Die Lunge wird geräuchert und wird somit kaputt,
viele ist das Rauchen so wichtig, das Haus verfällt vor Lauter Schulden in Asche und Schutt.

Zu Lebzeiten ein verrauchter Kuss,
doch mit der Luft ist irgendwann Schluss.

„Ich halt das schon aus!",
doch am Ende kommt nichts Gutes dabei raus.

Die Lunge ist irgendwann so verteert,
sie ist dann so hart und wird nicht mal mehr von den Würmern verzehrt.

In den Raucherräumen ist alles so verraucht,
dass selbst ein Raucher Frischluft braucht.

Die Gesundheit geht den Bach hinunter,
das Geld geht aus der Tasche ganz munter.

Jaja, so ist es mit der Sucht,
es hört nie auf und irgendwann, ist dann der Holzpyjama gebucht.

Man weiß, so ein Klimmstängel,
bringt ganz viele Mängel.

Zudem geben die anderen noch ihren Segen,
indem sie sich ständig aufregen.

Jeder meint, er kann oder will aufhören,
doch beim ruinieren der Gesundheit lassen sie sich doch nicht stören.

Man benötigt immer mehr Zaster
und es ist ein echtes Problem dieses Laster.

25.07.2013

Komm schon einfach Luft durch die Nüstern ziehen

Bei einem Rettungseinsatz, beim Wiederbeleben, habe ich geschrien,
„Komm schon, einfach Luft durch die Nüstern ziehen!"

Juhu, er hat es geschafft,
also zog ich fröhlich weiter, er hat es gerafft.

Ab Nachhause. Die Dame kam schnaufend angerannt und ich habe geschrien:
„Komm schon, einfach Luft durch die Nüstern ziehen!"

Darauf kam sie rein, mit rennen war jetzt Schluss,
also gab ich ihr einen herzhaften Kuss.

Als ich aufhörte, bekam sie schwer Luft und ich habe geschrien:
„Komm schon, einfach Luft durch die Nüstern ziehen!"

Dann gingen wir trainieren, trotz erfrischenden Zitronen Duft,
rang ich kräftig um Luft.

Meinen Kuss hat sie mir verziehen.
„Komm schon, einfach Luft durch die Nüstern ziehen!",
hat sie geschrien.

Dann gingen wir heim,
zwar zu zweit, aber als Pärchen ganz allein.

Da lief ein Jogger, der arme war schon fast hin,
syncron riefen wir: „Komm schon, einfach Luft durch die Nüstern ziehen!"

Darauf wurde er böse und hat ganz laut geschrien.
Ich sagte: „Komm schon beruhigen und einfach Luft durch die Nüstern ziehen!"

Dann nahm ich mein Schatzi an der Hand, wir rannten und gewannen Meter,
wir wollten keine auf die Nase kriegen von diesem Miesepeter.

Daheim im Bett träumten wir dahin
und auf einmal hörte ich wieder: „Komm schon, einfach Luft durch die Nüstern ziehen!"

Schatzi hat geträumt
und denkt ihr mal ihr habt was versäumt.

Versucht nicht hektisch zu fliehen,
„Komm schon, einfach Luft durch die Nüstern ziehen!"

So hat man vieles erreicht,
statt rennen ist besser man schleicht.

So geht es trotzdem im Leben dahin
und du denkst dir einfach: „Komm schon, einfach Luft durch die Nüstern ziehen!"

02.06.2012

Kreativ und a bissi naiv

I glaub, i darf mi kreativ nennen,
da stimmt's vielleicht zu, die mi kennen.

Mir follt immer genug Blödsinn ein,
owa als kreativer Mensch sollt's jo so sein.

Doch egal wie olt i werd',
es wird so bleib'm und es is a net gaunz verkehrt.

I bin a bissi naiv und des wird a so bleib'm,
wird die Umwelt di a in a Lebensschiene treib'm.

Jetz hob i scho a poor Johr, trotzdem vüll i mi
monchmol wie drei
und i bin live dabei.

A bissal Kind sein schodet nie,
dann zwingt die as Olta net so schnöll in die Knie.

Ma is imma nur so olt, wia ma si fühlt,
egal ob ma scho long mit dem Auto fohrt, oder
no Computer spült.

Besser naiv und jung bleib'm, als g'scheit und
reif,
sunst geht ma durchs Leb'm so steif.

Naiv und locker,
a guate Kindersendung reist mi no immer vom Hocker.

So is as Leb'm, von außen wird ma olt,
doch des losst mi a biss'l kolt.

Denn innen bleib i immer jung
und bring so mei Leb'm in Schwung.

21.03.2013

Lass die Sau raus

Manche Städter behaupten vielleicht, auf dem Bauernhof,
ist es doof.

Hier stinkt es,
die feine Nase bekommt da bloß Stress.

Doch genau geht es mit Action rund,
hier ist immer was los, hier ist das Leben nicht grau,
sondern kunterbunt.

Die Tiere bereiten dir Freude
und deshalb geht es rund liebe Leute!

„Lass die Sau raus!", ertönt es von einem Eck.
Kaum ist die Türe auf, ist dieses Tier auch schon weg.

Mit einem Karacho,
bringt dieses Tier flotte 30 auf den Tacho.

Doch nun heißt es laufen
und mühevoll um den Trüffel raufen.

Der schnellere und stärkere gewinnt,
der Kampf ums Schwammerl beginnt.

Der Rüssel des Tieres ist schon beim schnüffeln,
nach den leckeren Trüffeln.

„Schau, da ist eins!
Haha, liebes Schweinchen, das ist meins!"

An der frischen Luft
mit ein bisschen Land Duft.

Wird es nie fad,
um jede Minute, die man nicht genießt ist es schad.

10.10.2012

Lausbua

Nua Bledsinn im Schädel, es lost iahm koa Ruah,
umsunst is a net a Lausbua.

Die Leit a bissal roaz'n,
Von Kohlen schworze Händ, schmierst wen aun und
sogst, tuat ma lad, es kummt vom Hoaz'n.

„Willst du mit mir shoppen geh'n?"
Wenn sie jo sogt, is des supa schen.

Kummst ins Zimma vulla freid und schreist zum
Bruadaherz:
Du host im Lotto g'wonnen!" Dann lochst und sogst:
„Na Scherz."

Beim Parkplotz mochst die Autotür auf
und da nächste Bledsinn nimmt sein Lauf.

Gaunz erstaunt schreist:
„Jö, schau a Hunderter!" Dann kriagt sogor da müdeste
Mensch an Lebensgeist.

Vor da Schul holtst die an da Autotür fest und
jammerst:
„Na, i wüll no net, wirst seh'n, die Kollegas schau'n
bled.

Host dein Spaß g'hob sogst fröhlich: „Witzig sein is echt top,
lustig sein is da beste Job."

19.07.2013

Leise bloß leise

Wenn du abends warst auf einer Reise,
denkst du leise, bloß leise.

Schleichst dich in das Haus hinein
und denkst, du wirst eh bald unter der Decke sein.

Bloß niemanden aufwecken,
darum gilt es, die Hindernisse zu entdecken.

Bloß nicht drüber fallen,
es würde laut schallen.

Der erste der angesaust kommt ist der Hund.
Sein Bäuchlein vom Fressen ist mal wieder kugelrund.

Er kommt und wedelt dir freudig zu,
er macht einen kurzen Beller: „Scht, leise bist du!"

Du streichelst ihn. „Rex, geh Platz!",
flüsterst du: „Schatz!", ruft dir deine Frau leise zu."

„Ja hallo Mausi!", flüsterst du.
Willst schnell zu ihr und fällst drüber über Kram in Nu.

Ganz laut scheppert es,
„Nein!", flüstert du energisch und hast schon ein bisschen Stress.

Auf einmal hörst du deine kleine Tochter: „Papa, ich bekomm kein Auge zu!"
„Oh, habe ich dich aufgeweckt du arme du?"

Du nimmst sie in den Arm, auf einmal kommt auch der kleine Sohn angerannt:
„Papa, liest du uns eine Geschichte vor?", fragt er ganz gespannt.

„Na kommt, gehen wir rauf.",
sagst du drauf.

Endlich ist es hell im Haus, die Kinder im Arm,
im Zimmer legst du sie ins Bett und deckst sie zu ganz warm.

Dann liest du ihnen eine Geschichte vor
und wenn sie schlafen, gibst du ihnen ein Bussi neben ihr Ohr.

Dann schaust du zur Tür zurück,
deine Frau sieht dich an voller Glück.

Nun kuschelst du dich mit deiner Frau grinsend ins Bett,

schmiegst dich an ihr und sie sagt: „Schatz, du bist so nett."

Du kuschelst dich zu ihr und sagst: „Schatz, ich liebe dich,
du und die Kinder ihr seid der größte Reichtum für mich."

Sie küsst dich, du machst die Augen zu
und genießt selig deine Ruh.

31.08.2013

Lustige Sprüche

Liegt das Hähnchen gegrillt auf dem Teller,
war der Mercedes wieder schneller.

Wird das Eisen immer schmäler,
dann verbiegt es vielleicht der Uri Geller.

Fährt ein Wagen durch ein Feuer,
bleibt er schwarz, denn ein neuer Lack ist teuer.

Ist das Fenster offen im Zug der ÖBB,
tut dir vielleicht am nächsten Tag das Köpfchen weh.

Liegt das Auto im Graben,
will es plötzlich niemand mehr haben.

Der Tommy brummt und die Füße riechen,
kein Wunder, das sich die Ungeziefertiere verkriechen.

Liegt der Motorradfahrer sagt er so ein Scheiß,
das war zu glatt, das Eis.

Fliegt der Motorradbeifahrer vom Sozius,
dann war offiziell mit festhalten Schluss.

Mit diesen Worten hör ich auf
und bin gut drauf.

08.01.2014

Männerklo

Wenn die Zeit wird knapp,
dann spielt es sich im Männerklo ab.

Wenn man sich bewegt dorthin hüpfend oder springend,
dann ist es richtig dringend.

Ist die Verdauung gesund,
dann geht es richtig rund.

Man will sich das Leben ja nicht unnötig erschweren,
deshalb muss man sich auch mal entleeren.

Gibt man sich auf der Toilette einen ordentlichen Ruck,
dann ist er weg der Druck.

Es ist zwar nicht angenehm für die Nase,
doch erleichtert ist die Blase.

Somit ist klar, ein Männerklo ist ein Ort, wo viele Nudeln,[21]
ludeln.[22]

27.08.2015

Marianne mit der Eisenpfanne

Eine Frau in dieser Stadt,
verwöhnt uns doch glatt.

Es ist Marianne,
mit der Eisenpfanne.

Sie brät uns was wir wollen,
weil wir nicht hungern sollen.

Gaunern brät' sie eine drüber,
der Wille zu stehlen ist dann hinüber.

Jaja, dass ist die Marianne,
mit der Eisenpfanne.

---

[21] Nudel(n) = in diesem Sinne => Penis(e)
[22] ludeln = umgangssprachlich für pinkeln.

05.07.2012

Mega geil

Da Fischer schreit: „Petri Heil,
a ries'n Karpf'm, mega geil!"

Da Hawi schaut an Dirnd'l noch und sogt: „Des Kload'l
is echt steil
und des wos drinnen steckt is mega geil."

Da Hulzfäller treibt rein sein Keil:
„Baum fällt, mega geil!"

A Kultwort der Jungen,
des is durchgedrungen.

Es is bei da Sproch a ries'n Teil,
oll's is cool und mega geil.

Da Armor trifft ins Herz mit seinem Pfeil
und dann san olle mega geil

So is es im Leb'm, es geht dem Menschen gut derweil
und des is anfoch mega geil.

So sull's immer sein,
do sog ma nur „Mega geil!" und red ma nix drein.

25.04.2013

Moderderator mit Schneid

Jeden zweiten Somstog is es soweit,
do hört ma auf Radio Freequenns den Moderator mit Schneid.

Schneidig, fetzig guat geht's auf,
so samma immer wieder guat drauf.

Da Alex bringt Leb'm in den Olltog,
des is es, wos i so mog.

A Musi, die mitreißt,
a Zeit, die a guate Laune verheißt.

„Jojo Herr Gu., moch weiter so,
mir san über deine Werke froh."

Somstogs do geht's ob,
a Gaude gibt's, net zu knopp.

Spitze bist, moch anfoch weiter,
dann samma guat drauf und heiter.

22.10.2013

Nerven aus Stahl

Stellt dir das Leben einen schweren Test,
müssen die Nerven stark sein und fest.

Wenn dein Hund mit Freude in die Wohnung scheißt
und deine Freundin dich am liebsten beißt.

Denn es ist ihre Wohnung,
glaub mir, das ist keine Nervenschonung.

Dein Nachbar dich einen Trottel heißt
und dich am liebsten aus der Siedlung schmeißt.

Denn dein Moped ist laut,
durch die Abgase verdirbt das ganze Kraut.

Der Zweitackter stinkt,
durch den Auspuffnebel er fast abwinkt.

Kunden in der Firma machen dir die Hölle heiß,
denn die Warterei ist ein Scheiß.

Deine Katze will gehen,
denn der Nachbar füttert sie mit Sheba, sie ist weg, es half kein flehen.

Ein Resultat, auf welches du schon ganz gespannt bist,
du hast erfahren, dass es noch nicht fertig ist.

Die Arbeit war eine Harte,
trotzdem heißt es: „Bitte Warte!"

Deine Schwester schämt sich für dich,
denn du hast die neue im Dorf geküsst angeblich.

Ist auf der Welt viel Krawall,
egal, solange lebst du, du brauchst einfach Nerven aus Stahl.

Halte durch!

16.10.2013

Niesen dass sich die Balken biegen

Musst du niesen, dass sich die Balken biegen,
dann kann es sein, dass dir fast die Ohren wegfliegen.

Liegst du nachts im Bett,
kuschelst in der Decke ganz nett.

Plötzlich kribbelt dir die Nase,
nur einmal niesen, schon zerschellt eine Vase.

Draußen wird es Licht,
denn so ein Niesen überhört man nicht.

Bei so einer Umgebung einer hellen,
beginnen viele Hunde zu bellen.

Auf einmal hört man den Nachbar schreien: „Steh auf du fauler Sack,
jede Nacht das gleiche, ich bin schon ein seelisches Wrack!"

„Ich gehöre sonst zu den braven,
aber bei diesem Niesen, ich kann nicht mehr schlafen!"

Doch aufstehen? Nein!
Das muss in der Nacht nicht sein!

Erweckt das Niesen auch empören,
die Schimpferei wird schon aufhören.

Streiten ist dir zu dumm,
deshalb drehst du dich ganz gemütlich im Bettchen um.

Plötzlich ruft eine Braut:
„Herr Nachbar, schreien Sie doch nicht so laut.

Auf einmal ist das Schauspiel unterbunden
und alle sind wieder brav ins Bett verschwunden.

27.11.2011

Nix passiert Version I

Verschaust di in a Mäd'l, knickst um bist leicht verwirrt,
schomst di und schreist „Nix passiert!"

Fohrst mit dem Auto deiner Eltern geg'n an Rondstan,
ärgerst und schomst di dann.

Wie da Papa an Reifendruck kontrolliert,
schreist du: „Nix passiert!"

Host a Dinner für die Freindin und di kreiert,
in da Kuch'l stinkt's onbrennt - du lächelst ihr zua und
sogst: „Nix passiert!"

A Hawi hot di g'ärgert, wolltst iham die Meinung
Geig'n, owa bist ins folsche Haus einmarschiert,
vor dir steht a zwoa Meta Lack'l, du grinst und sogst:
„Nix passiert!"

Stehst mit a poor Kollegen mit an Bier
und maulst üba an Vawondten von dir.

Du host es net kapiert,
drahst die um, grinst und sogst: „Nix passiert!"

In da Schul hot da Lehrer g'sog:
„Guate Not'n kriag, wer si wirkli plog."

Du schlofst hint'n und wirst vom Lehrer aufg'weckt, dei Blick no gonz miad,
sogst laut: „Nix passiert!"

Host Sex mit da Freindin mit Kondom, owa net bedocht, dass ma des vielleicht a verliert,
auf amol kummst drauf lächelst sie aun und sogst:
„"„Nix passiert!"

Bist g'soff'm in an Beisl, haust a Glasl zomm, kummt da Wirt,
du lächelst gonz High und sogst: „Nix passiert!"

Du molst grod aus, die Nochborskotz follt in den Molertopf und is grau meliert,
du waßt es is a teire Shebakotz, da Nochbor kummt und du schreist: „Nix passiert!"

Host in da Schul schon wieda a Orbeit einpaniert,
beim Elternsprechtog sog anfoch: „Nix passiert!"

In da Bim fost an klan Hund überseh'n, du frogst gonz kloakariert,
„Nix passiert?"

Auffohrunfoll, as Auto total demoliert,
Nur bled, es is a Streifenwog'n, gehst zum Polizisten und frogst: „Is eh nix passiert!"

Jaja, so is es im Leb'm,
zum Bledsinn moch'n musst da net amol Mühe geb'm.

Host irgendwos vermurkst und rüge einkassiert,
loss an Kopf net hängen, sog anfoch: „Nix passiert!"

29.11.2011

Nix passiert Version 2

In a Mädl vaschaut, knickst um und bist verwirrt,
trotzdem schreist: „Nix passiert!"

Für die Freundin und für die a Dinner kreiert,
in da Küche riachts aunbrennt und du lächelst und sogst: „Nix passiert!"

Sex mit da Freundin, natürlich mit Kondom, owa net bedocht, dass ma des vielleicht valiert,
du kummst drauf lächelst und sogst: „Nix passiert!"

In da Schul sog da Lehrer: „Guate Not'n kriagt,
der si bemüht und mitziagt.

Der, des wos fehlt kopiert
und die Aufgob'm ausprobiert."

Du schlofst hint'n und host des net kapiert,
er weckt die auf, du schreist gonz miad: „Nix passiert!"

Scho wieder a Schulorbeit verhaut, so richtig einpaniert,
du sogst anfoch nur: „Nix passiert!"

Elternsprechtog, deine Fax 'n kumman auf, doch du
tuast gonz kaschiert
Und sogst: „Nix passiert!"

Auffohrunfoll, as Auto komplett demoliert,
ups, a Polizeiauto is es, du steigst aus und frogst an
Polizisten: „Is eh nix passiert?"

Du molst aus, die Nochborskotz fliagt in den Forbtopf
und is jetzt grau meliert,
da Nochbor kummt und du schreist „Nix passiert!"

A Hawi zipft di aun, du wüllst iahm die Meinung Geig'n
und denkst da: „Denn keaht ane g'schmiert!",
Du klopfst aun, a zwoa Meta Lackl steht vor dir und du
sogst gonz kloalaut: „Nix passiert!"

Als Räuba, in a Polizeipräsidium einmarschiert,
olls uniformierte du drahst di um rennst und schreist:
„Nix passiert!"

Mit'n Auto der Eltern gegn an Rondstoa g'foahn,
a so a schmoan.

Wie da Papa an Reifendruck kontrolliert, schreist du,
„Nix passiert!"

Sitzt auf da Schubraupp'm, am Bau wos gleichplaniert,
as folsche gleichg'mocht, da Chef kummt und du
schreist: „Nix passiert!"

Stehst mit a poor Freind, mit an Bier und maulst üba an Vawondt'n von dir,
du checkst es net, owa er steht hinter dir.

Host es echt net kapiert,
drast di um und sogst: „Servas, nix passiert!"

Sogst zur Freindin im Auto: „I waß gonz genau wo i bin,
owa die Stroß'nschilda ergeb'm kan Sinn.

Noch ana Stund Fohrt gibst zua: „Schatzi, wir hob'm uns verirrt,
owa es is jo nix passiert."

So is as Leb'm,
zum Bledsinn mochn braust da ka Mühe geb'm.

Wenn ma si amol blamiert,
sogst anfoch: „Nix passiert!"

03.10.2015

Olter Hund

Wir Menschen hom a Loster
und des trifft zum Glück an jed'n des Pfloster.

So sicher wie's im Winter wird költer,
so wird auch a jeder Mensch ölter.

Owa moch da nix draus,
diese Tatsache schaut jo ba uns olle gleich aus.

Wichtig is, dass du die nie gehen losst
und immer a Energie host.

Dann bleibst trotzdem long jung
und zagst die jungen no an Schwung.

So kau passieren, dass da Junge scho keicht,
währenddessen da sogenannte "Olte Hund" no immer munter dahin schleicht.

I bin scho oft drauf kummen und des baut mi auf,
die "Olten Hund" san fetzig drauf.

So kaunnst mit ruhigen Gewissen sogen: "Na und?
bin i holt a "Olter Hund".

18.05.2012

Onstond bitte

Monchmol denk i ma, heit a biss'l Onstond bitte,
heit, wenn oll's guat geht san des im Leb'm super Schritte.

Gehst zur Veronstoltung hin,
auf die i scho g'sponnt bin.

Mit'n in an Hauf'm Leit,
des wird gaudig heit.

Owa die Gulaschsupp'm hätt' i ma spoan kinnan,
wal hint'n fongt's aun zu spinnen.

Do san Gase, die woll'n raus,
i sog's eich des schaut jetz net guat aus.

I kaunn's nimma holt'n,
i loss die Natur verwolt'n.

I loss iahm raus,
er wor eh leise und is trotzdem a Graus.

Der stinkt gaunz schen,
i tua holt so, als wär' i's net g'wen.

Trotzdem weich'n die Leit aus,
bei sowos vaziacht si sogor die zachste Maus.

I g'stö mi gonz normal,
wal i wü kann Krawall.

I trink bei meinem Olmdudler,
der hot an g'scheiten Sprudler.

Do kummt a Gruaß vom Mund,
a Rülpsa so a Hund.

Dabei wullt i heit gonz auständig sein,
es trügt wieder amol da Schein.

Des mit'n Onstond hob i heit net g'schofft,
i hob ma mehr erhofft.

12.08.2011

Orsch hoch

Eh so aufpasst und trotzdem passiert,
dass ma amol z'wenig kassiert.

A zu klan's Loch bohrt, schnö vag'ressat,
bemüht und echt vabessat.

Jedoch,
is bereits da Orsch hoch.

Da Plan wor vadreckt,
desholb an Auftrog net checkt.

Schnö wen gfrog',
der hot eh as richtige gsog'.

Hättest schnölla g'lesn,
wärst net z'longsom g'wesn.

Eh mehr Gas geb'm jedoch,
is da Orsch hoch.

Wos a Lehrer hasst,

wenn du während den Unterricht net aufpasst.
G'schwätzt, eh schnö untabund'n
owa da Lehrer hots net witzig g'fundn.

Beim Unterricht eh wieder hellwoch, jedoch,
is da Orsch hoch.

Ans is klor, ohne Fehler wird's net geh'n
des sollt ma holt amol einseh'n.

Probleme ruhig lös'n und net schrei'n,
wie a Kollegenschwein.

10.07.2014

Pass auf und moch koan Schaß

A guates Essen, des is echt klass,
ober pass auf, hoßt no a Date, dann pass auf und moch koan Schaß.

Wennst mit a Dame furt gehst, dann is a guter Duft da Brauch,
also verzicht auf Zwiebel und Knoblauch.

Willst du deinen Darm schonen,
jo dann verzicht' a zu der Zeit auf Bohnen.

Wenn du grod schick furt bist und du losst an Fohr'n,
dass da hebt an Huat,
na, des kummt net grod guat.

Es is net grod des wos as Madl preist,
wenn's da vor Druck dei Hos'n z'reist.

Also werd ma zumindest beim Date wos probieren,
zumindest samma do Gentleman mit manieren.

Dann kummst recht guat draus
und die Dame geht vielleicht wieder mit dir aus.

19.06.2015

Petri Heil

Petri Heil
und die Seefahrt wird echt geil.

Der Fischer fährt raus auf See,
genießt sein Leben und reißt so manchen Schmäh.

Da zieht ein Wetter auf,
das nimmt der Fischer in Kauf.

Er gibt nicht auf, nimmt sein Netz und wirft es aus, da ist der Regen,
jedoch es ist des Fischers Segen.

Das Netz ist voll und das ist toll, doch noch ist es nicht geschafft,
ein Sturm zieht auf und hat einiges an Beute dahingerafft.

Einige Fische konnten sich ins freie retten,
die sonst als Bettchen eine Dose hätten.

Der Fischer kämpft um seinen Gewinn,
sie abzuliefern, dass ist der Sinn.

Das Schiff schwankt,
doch heute wird nicht abgedankt.

Der Fischer kämpft sich durch und bringt ihn doch heim
seinen Fang, er muss einfach schippern auf dem Meer,
das liebt er so sehr.

20.02.2015

Phänomen

Manches hier auf Erden,
kann richtig heiter werden.

Stehe ich auch voll auf Damen,
man sieht sie überall, in Natur und auf Reklamen.

So kann ich eines nicht verstehen,
wie die Gehirne der Damen gehen.

Das geniale ist,
dass du erst als Draufgänger ein richtiger Mann bist.

Bist du statt am Stammtisch,
romantisch.

Hast du schon verspielt,
weil ein Weichling nicht die richtige Zufriedenheit stillt.

Hast du zuviel Mut
und bist zu deinem Schatz etwas ungut.

Dann bist du ein Mann,
der anscheinend was taugen kann.

Doch nebenbei sind die Männer Schweine
und Manieren haben sie keine.

Doch meidet man vielleicht aus gutem Grund mal ein Böhnchen,
ist man ein Muttersöhnchen.

Die Herren, welche sind nicht allzu attraktiv,
der Bauch ordentlich und die Zähne schief.

Der tut's dann am Ende doch,
denn der andere ist zwar fesch, doch arrogant und ein Arschloch.

So ein treues Männlein ist ja doch ganz bequem,
dieser Sinneswandel ist für mich ein Phänomen.

19.08.2015

Pleitegeier

Des wor scho früher so, is so, na net nur heier
uns verfolgt der Pleitegeier.

Des is a Viech, welches kana gern hot,
owa kummen tuat er flott.

Wenn er do is bloß net verzogen,
erfinderisch werden und si durch frogen.

Des Viech wüll di pecken,
do hülft ka verstecken.

Oft scho mitte Monat is er do,
des is holt so.

As Sporschwein is scho g'storbm,
as Göldtaschal hot scho Norb'm.

A echte Sau bring' da nix,
Wennst dem Göld fuatterst, scheißt's da wos, des is fix.

Desholb muasst die durch wursteln und den Pleitegeier mit dir zah'n,
wenn da Lohn kommt, san die Toge vorerst vorbei die schwar'n.

29.09.2014

Rat(t)enzahlung

Ich bin tätig im Verkauf,
da kommen so einige gute Schmäh auf.

Man kann ja mit Erlagschein zahlen, innerhalb von 14 Tagen,
ist dies erledigt, liegt nichts mehr im Magen.

Kannst man nicht alles auf einmal begleichen,
so wird auch eine Ratenzahlung reichen.

Wie eine Ratenzahlung ausschauen wird,
habe ich folgendermaßen kapiert.

Die Ratenzahlung ist die Teilzahlung, wo man einen kleinen Teil der Rechnung monatlich begleicht,
es ist insofern hilfreich, da schon eine kleine vorgeschriebene Summe reicht.

Geht der Kreditor nicht ganz in die Binsen,
so verlangt das Unternehmen für die Teilzahlung Zinsen.

Viele nehmen sie in Anspruch die Teilzahlung
und mir gab die Idee neuen Schwung.

Für meine Zahlung sammelte ich Tiere,
ihr wisst es sicher schon, wenn ich mich nicht irre.

Genau, ihr habt es erraten,
ich sammelte Ratten.

Dann kaufte ich mir was mit der Teilzahlung,
als der Zahlungstag kam, kreischte die Umgebung.

Statt Geld nahm ich meine Tierchen
und wollte damit zahlen, Schulden, Auto und ein paar Bierchen.

Doch es funktionierte nicht,
der Grund war einfach und schlicht.

Keiner wollte das Quietschen hören
und begannen auf paares zu schwören.

Mein verschulden,
wollte auch niemand dulden.

Seitdem habe ich meine Rat(t)enzahlung wieder aufgegeben
und führe ein Sofortzahlungsleben.

05.08.2013

Raus was keine Miete zahlt

Der junge am WC, der strahlt,
denn er denkt sich: „Raus, was keine Miete zahlt."

Der Vater,
sagt zu seinem Sohn: „Mach nicht so ein Theater."
„Keine Angst, ich bin ich, ich bin nicht er,
ich bin dein Papa und nicht irgendwer."

Der Sohn ist blass und ihm ist kalt,
weil der Onkel mit einem Satz nur prahlt.

„Bist du Volljährig und 18 Jahre alt,
dann heißt es raus, was keine Miete zahlt."

Durch die Unterstützung des Herrn Papa,
ist sein Alptraum nicht mehr nah.

Er muss sein trautes Heim nicht gleich abschreiben,
er darf doch noch zuhause bleiben.

Ist ein Haus befallen von Termiten
und Parasiten.

Dann kommen die Kammerjäger und rufen: „Raus, was keine Miete zahlt!",
dass es nur so durch die Gänge hallt.

Ich bleib im Haus, denn eines ist ein Hit,
liebe Leute, ich bin zum Glück kein Parasit!

31.03.2015

Restlküche

Ein bisschen hier, ein bisschen da
und die restlichen Nudeln vom Spar.

Das Verschierte das schon ein bisschen im Kühlschrank liegt
und für einen verschierten Braten schon zu wenig wiegt.

Das Gemüse welches noch frisch ist,
sorgt dafür, dass du auch durch eine Restlküche gesund bist.

Restgewürze aus den Dosen verfeinern den Geschmack,
dadurch ist das Essen richtig auf Zack.

So kann man doch richtig gut kochen,
beim leckeren Geschmack fängt dein Herz an zu pochen.

So wird alles verwertet und genutzt,
etwas Grünzeug ist es, was es dann noch aufputzt.

So hat man ein Festtagsessen jedes Mal
und hat eine riesen Wahl.

Spaghetti, Pizza, Gemüse, alles spitze
und ein guter Salat in Zeiten der Hitze.

Man da bin ich immer gut drauf,
also bitte gebt die Restlküche nie auf.

28.01.2015

Schiss vorm Biss

Ich werde das Leben,
eines jungen Mannes wiedergeben.

Ein junger Herr, ganz nett, aber er,
hat Respekt und das sehr.

Sieht er einen aufgedrehten Hund,
dann fühlt er sich nicht ganz gesund.

Der Blutdruck steigt hoch, der Schweiß bricht aus,
dass ist echt ein Graus.

Der arme Herr hat schiss,
vorm Biss.

Er mag nicht leiden,
deshalb versucht er diese Hunderl zu meiden.

Ne, er mag mit ihnen nicht ketschen,
wenn's eh schon mit den Zähnen fletschen.

Am Abend geht er nie ohne Knoblauch schlafen,
denn er gehört zu den braven.

Er hat gehört, es soll heißen,
lege Knoblauch um den Hals und kein Vampir wird beißen.

Am nächsten Tag hört er seinen Freund sagen:
"Komm, steig in meinen Wagen."

Zuerst stieg er zaghaft aufs Gas,
der Freund daneben sagte: "Mann was soll den das?"

Dann stieg er aufs Gas ein bisschen mehr
und der Wagen stand das erste Mal quer.

Nun sagte der Mann,
Hey, dass ist ein Gefühl, welches ich gar nicht glauben kann!"

"Etwas, was echt super is,
der Wagen hat Biss."

"Bist du deppat der geht ab,
der zieht nicht zu knapp.

Seitdem hat er,
keine Angst vor dem Hund, der Hund hat mehr.

Vampire? Wer braucht die?
Wenn die ihm beißen wollen, beißt er sie.

08.10.2013

Schwedenbomben

Eines gefällt in Schweden,
wirklich jeden.

Besucht man auch gerne Katakomben,
besser sind die Schwedenbomben.

Es gibt auch eine Zuckerspeise,
doch die gefallen mir gar nicht so, auf meiner Reise.

Für diese Blumen braucht man keine Vasen,
gemeint sind die schwedischen Hasen.

Denn mehr wert als jedes Cash,
sind die schwedischen Damen, also die
Schwedenbomben, sie sind wirklich fesch.

Sie ziehen dir keine Plomben
und sind trotzdem süß die Schwedenbomben.

Siehst du sie oder hörst du ihre Stimme am Telefon,
dann hast du mehr davon.

20.12.2015

So g'sund

Die Frau sogt zu iham:
"Du mit dein Kugel schiab'm."

"Mit'n ung'sundn Leb'm is jetz Schluss,
wal da Bauch wegmuss."

"Ob morgen und des is echt a guata Rot,
do gibt's nur mehr Solod!"

Wie da Solod so vor ihm steht,
siacht ma wie Mundwinkel für Mundwinkel owi geht.

"Gor koa Fleisch dabei?
Wo is as Ei?

"Nur G'mias,
olta, do werd'n jo geheri die Fiaß."

"Do wird ma jo no ölta als 300 Johr,
jo wirklich wohr."

"Und so schen putzt, wos i gor net check,
so kumm i net amol zu ana frischen Schneck'.

10.06.2013

Spaß am Leben

Viele Menschen würden alles dafür geben,
hätten sie nur Spaß am Leben.

Schütten sich mit Alkohol zu
und die Leber hat Arbeit in Nu.

Doch ich habe Spaß mit Freunden. Ein witziges SMS,
alles ist lustig und ganz plötzlich fort ist er, der Stress.

Dafür vergeht viel Zeit und vieles nicht gescheut,
aber das habe ich noch nie bereut.

Lachen ohne Ende
und so schnell nimmt das keine Wende.

Stimmung und Freude,
so lässt sich es Leben liebe Leute!

Schau, dass du nie vergisst,
wie wundervoll das Leben ist.

29.08.2013

Spe(c)ktrum

Ein Student ist vom Spektrum begeistert darum,
denn er lernte vom Lichtspektrum.

Von Tag zu Tag wird er schlauer:
„Ich liebe auch das Spe(c)ktrum sagte der Bauer."

„Ich muss sogar täglich wichtige Schritte tätigen,
ich muss mein Spe(c)ktrum sättigen."

Der Student hört gespannt zu
und ist in seinem Element im Nu.

Er lässt sich durch nichts erschüttern
und fragt: „Warum müssen Sie es füttern?"

Darauf entgegnet der Bauer ganz gemütlich und nicht aufgeregt:
„Weil mein Spe(c)ktrum lebt."

„Zu Lebzeiten liebt es im Trog zu sprudeln
und man kann es sogar knuddeln."

Der Student ein geistiger Sprinter,
er kam gleich dahinter.

„Ich weiß Herr Bauer, wie soll es anders sein,
Sie sprechen vom Schwein."

War der Student zuerst auch ein bisschen verwirrt,
er hat schnell kapiert.

23.11.2012

Steirerg'wond

Bei uns im Steirerlond,
hot fost jeder a Steirerg'wond.

Worum's beim Steirerg'wond geht,
es is von unsrem Lond, a Identität.

No dazua is es echt fesch,
es wird dafür zohlt gonz vül Cash.

Zu an knackig'n Steirerbua,
g'hert a Lederhos'n dazua.

A Haferlschuah, a lederne, und a Janka,
gefällt da Melanie, da Kerstin und da Bianca.

Auf wos die Dirndl'n steh'n,
wenn die Bursch'n aufsteirern geh'n.

Des hot wos unser Lond,
es is jo a Weltweit bekonnt.

17.07.2013

Reitzen

Es ist eine lange Zeit und manchmal bitter,
aber böse Menschen sitzen hinter Gitter.

Und ich so gemein wie ich bin,
geh manchmal zum Tritzen hin.

Dann steh ich vor den Stäben
und bin einfach fies eben.

Dann frag ich: „Na, wie ist denn die gestreifte Aussicht?",
doch den Insassen gefällt das meistens nicht.

„Meine Güte ihr müsst beim Gehen ja richtig aufpassen vorm Purzeln,
denn solange, wie ihr da drinnen seid schlagt ihr bestimmt schon Wurzeln!"

Auf einmal erklingt eine Stimme, eine ganz Harte:
„Wenn ich draußen bin, na warte!"

Darauf ich nur: „Du bist aber nicht draußen
und dieses Haus ist viel schöner von außen!"

„Draußen gibt es, na du kannst ja mal raten,
Bratwurst, Schnitzel und Schweinsbraten."

Dann schauen sie mich ganz böse an
Und ich sage: „Ja ich esse heute ein Schnitzel, weil ich kann!"

„Ist es so, oder trügt der Schein,
nach diesen Worten möchtet ihr auch gerne draußen sein?"

„Aber ihr wart böse und deshalb seid ihr her innen,
damit euch nicht fad wird, gebe ich euch, mit meinen Worten einen Grund zu spinnen."

„Habt ihr Glück und kommt mal heraus,
dann schaut die Welt ohne mich gleich noch besser aus."

„Bis dahin sing ich euch voll die Ohren,
dann habt ihr die Freude ans brav sein nie verloren."

„Irgendwann, wenn ihr meint: „Es reicht!"
Dann werdet ihr ja brav vielleicht."

Mit diesen Worten und ein Grinsen bis zurück zu den Wangen,
zog ich fröhlich von Tannen.

28.01.2014

Über eine bestimmte Getränkedose

Laut Werbung
und auch bekanntlich so, bringt Red Bull in Schwung.

Also mich lässt es immer kurz aufleben
und abheben.

Doch bin ich droben ein Stück,
holt es mich manchmal, wenn ich zu wenig von dieser
Getränkedose hab, auf den Boden der Realität zurück.

Zu wenig Energie am Tag,
das ist es, was mein Körper nicht so mag.

Dann nehme ich eine Dose,
schon gibt er wieder Gas der Hintern in der Hose.

27.08.2015

Und do wor des Loch

Die Bauschepfer starten zeitlich in da Fruah,
der ane wüll Lostwogen fohr'n, da ondere kriagt vom Baggern net gnua.

Reißn's aun die Maschin',
jo dann is im Tank genug Diesel drin.

Sie starten durch
und bloß'n da Longeweile auf'm Schuach.

Do wird buddelt, do wird g'fohrn,
mit da Kroft brauchen's net spor'n.

Sull des Resultat doch ergeb'm,
a riesiges Haus zum Leb'm.

Schaufel owi, Schaufel hoch
und do wor des Loch.

A bissal gleich planiert,
passt's auf wos jetzt passiert.

As Fundament is erhoben,
jetzt wird an Haufen Beton zuwi g'schoben.

So geht's dahin,
Wond hoch, Doch drauf, fertig ausbaut und schon wohnt wer drin.

16.03.2015

Unkraut verdirbt net und a horter Hund stirbt net

Is as Leben a monchmol krass,
egal, ans is richtig klass.

A Unkraut verdirbt net
und a horter Hund stirbt net.

Egal, wos passiert,
ob ma mol a poor Watsch'n einkassiert.

Egal, ob ma kriagt amol an Korb,
oder ob ma sich fühlt amol gonz morb.

Jo, des san die horten Hund,
die san glei wieder g'sund.

Is ana z'wider
und haut di nieder.

Du stehst auf und sogst: "He olta! Unkraut verdirbt net,
a horter Hund stirbt net!

10.07.2014

Upps

As Leb'm wär' net so witzig,
ohne "Upps", des mocht as Leb'm lustig und hitzig.

So san mir scho viele Pannen passiert,
hob vü Ärgernis, ober a Locha kassiert.

Daham Öl ausgleert,
des wos do ausgronnen is, des hot mi net genährt.

Mit sovü Fett am Boden könnt i probieren,
mi selbst zu frittieren.

Doch auf an Sonnenbrond kaunn i pfeiffen,
i loss mi liaba ohne Sonnenblumenöl in der Sonne reifen.

Da Fetz'n wor fett, die Hos'n a,
im Mog'n liegt des net schwa.

So bin i voll fett ohne zu saufen,
i brauch' ma nur a Speiseöl kaufen.

Liabe Leit des sport Göld,
des is so ziemlich die billigste Fett'n auf derer Wölt.

So gibt's wieder wos zum Loch'n, is es a net immer gewollt, ober do: "Upps!"
Schon gib i an nächsten Trumm an Schubs.

09.03.2012

Volle Pulle Bulle

Ich steh da und sollt das Gewicht im Fitnessstudio heben,
ich spür, die Muskeln zittern wie ein Erdbeben.

Da schaut einer zu,
dem lässt das keine Ruh.

Volle Pulle Bulle,
der hat Muskeln ganz coole.

Plötzlich merke ich, es geht ganz leicht,
endlich habe ich mein Ziel erreicht.

Ich mach die Augen wieder auf
und merk der Bär hat seine Hände drauf.

Er hat kräftig mitgehoben,
sonst hätte es mir eh alle Wirbel verschoben.

Danke sage ich zu ihm
und merke, dass ich doch ziemlich stolz bin.

Dann fahr ich heim und merke,
dass ich vielleicht auch von jemandem das
Selbstvertrauen stärke.

Da steckt einer im Graben,
er scheint leider auch Pech zu haben.

Volle Pulle Bulle rufe ich zu
und das Auto war draußen im Nu.

Wie ich so weiter fahr,
merke ich, dass Auto kommt ganz Nah.

Da merke ich erst es ist ein Streifenwagen,
die Polizisten haben sich im Graben mit dem Auto
rumgeschlagen.

Na zum Glück ist es ja wieder draußen,
dann sehe ich im Spiegel außen.

Der Polizist winkt,
ob es aus meinem Auspuff zu viel raus stinkt?

Ich fahr rechts ran
und dann,

stand der gestreifte neben meiner Fahrertür,
ich drehte die Scheibe runter und sagte ich kann nichts
dafür.
Kaum war die Scheibe runter,
sagte der Polizist ganz munter,

Führerschein und Zulassungsschein bitte,
ich war abgelenkt und sagte: „Boah, in Ihrem Auto sitzt aber eine geile Schnitte.

Der Beamte war davon nicht sehr angetan,
„Führerschein und Zulassung bitte brüllte er mich an."

Ich reichte ihm die Papiere,
er prüfte alles am Auto sogar die Scharniere.

Da aber alles in Ordnung war,
meinte er etwas unfreundlich: „Fahr!"

Wieder auf der Straße - da,
merkte ich, dass ich ganz schön Glück hatte das war mir klar.

11.12.2013

Vom Furtfoah'n und vom Hamdrah'n

Wenn ma wos hert vom Hamdrah'n[23], san olle imma traurig.
Ka Wunder, es ja echt schaurig.

Owa in meinem Foll bekommt der Spruch an gonz onderen Sinn.
Klor, weil i Rollstuhlfohrer bin.

---

[23] Hamdrah'n = Suizid

Wenn i furt fohr, muass i scho amol drah'n,
dass wos weitergeht, kaunnst scho mol schen aunzah'n.

Owa, wennst furtfoahst, muasst di a ham drah'n,
wenig Luft in di Reifen und vü Gepäck konn des gonze no erschwa'n[24].

Also hast's für mi net, ob ins Jenseits,
nur a Kroft Training und zwor a g'scheits.

Onders werd' i mi nie ham drah'n, wal ans is klor,
sterben muss i erst frühestens mit 300 Johr.

In der Zeit muss i zuschauen, wie Bluman sprießen
und mein Olltog genießen.

Wos i noch da Orbeit zum tuan hob,
gaunz genau, noch meinem Job.

Des waß i schon,
da Grabner Bua geht in Pension.

Dann liegt er daham am Balkone,
jo echt oben ohne.

I sog's enk,
do lieg i mit an tollen Getränk.

Sonnenbrill'n,
tua ma wos Grill'n.

---

[24] erschwa'n = erschweren.

So genießt as Leb'm ohne Scheiß,
der olte Tatakreis.

So schaut's aus, dann fohr i vü öfter furt und drah mi ham,
wal i mi als Pensionist as Reis'n erlauben kann.

10.12.2014

Von Leuchtdioden und Leuchtidioten

Heutzutage ist eines klar,
zum Stromsparen sagen wir ja.

Maximale Leuchtkraft,
ist, was unsere Leuchtdiode schafft.

Sie erleuchtet Vorhaus, Traktor und auch so manchen Dom,
mit nur wenig Strom.

Alles leuchtet ganz helle,
dann ist das LED zur Stelle.

Doch ich gehe abends immer durch die Straßen und leuchte auch,
mit Warnweste ist leuchten eben brauch.

Doch bin ich nicht so helle und leuchte trotzdem,

ja mit der Weste ist das ganz bequem.

Doch bin ich so nicht ganz gescheit,
für etwas Blödsinn bin ich immer bereit.

Somit ist eines klar, ich bin kein Leuchtdiod',
doch ich gehe wie gesagt leuchtend durch die Straßen
und bin ein fröhlicher Leuchtidiot.

26.08.2015

Warmer Bruder

Liebe Leute ich muss euch was sagen,
ja ich trau es mir und ich werde es wagen.

Ich bin ein warmer Bruder. Was? Nein ich bin nicht schwul,
ich hab' eine Eigenschaft, die ist cool.

Ich bin hitzig unterwegs,
nein das geht nicht jeden auf den Keks.

Ich habe das Gefühl, meine Freundin mag das wenn es
ihr kalt ist und sie mit mir kuschelt.
"Oh, Schatz, jetzt wird es endlich warm, sie dann
zärtlich nuschelt."

Ja, ich bin ein warmer Bruder und steh auf meinen Schatz,

schafft sie es auch nicht in den Backofen, in meinen
Armen ist immer Platz.
Bei manchen Leuten bin ich auch insofern als heißer
Bruder bekannt,
denn manchmal habe ich meinen Ausflipprand.

Dann geht's rund, dann wird Gas gegeben,
ja man muss genießen das Leben.

Dann gibt's Spaß ohne Ende,
dann werden der Tag und der Abend zur Legende.

17.10.2013

Whoop whoop

Ich fühle mich, als wäre es Zauberei
und ich bin live dabei.

Whoop, whoop und mein Leben ist schön,
das ist es, was ich mir gönn.

Eine Dame die mich begehrt,
ein Schatz, welche mein Herz verehrt.

Whoop, whoop unser Haus haben wir
zusammengebaut,
vor einiger Zeit haben wir uns schon getraut.

Eines ist somit klar,
wir sind ein Ehepaar.

Irgendwann kommen dann Kinderlein,
schöner kann das Leben nicht sein.

Ein toller Job, der Spaß macht,
wo auch der Chef gerne mit lacht.

Eine Familie, mit der man sich gut versteht
und ein Tag deshalb toll zu Ende geht.

12.08.2011

Wie a Menschnleb'm entsteht

Zuerst müss'n si zwoa Mensch'n meg'n,
sunst hot die Natur wos dageg'n.

Wie diese G'schicht'n holt so san,
da Rest regelt sie dann von allan.

Wie des geht, kaust guat mit an Rennwog'n vagleich'n,
mit den wüllst a a Zü erreich'n.

Stö da vor,
des gonze is a Motor.

Ba an Diesel musst die Vorkehrung erfü'n,
du muasst amol Vorglü'n.

Da Mann hot a Gestänge,

do is Sprit drin a Menge.

Die Frau hot genug Hubraum,
wo er einikummt, der weiße Traum.

Wie bei an Kolben geht's rein und raus,
ba genug Drehzohl kummt da Sprit raus.

Die Einspritzdüs'n laft,
der kummt in den Hubraum der Saft.

Owa es is interessant und des sehr,
wal Hubräume gibt's mehr.

Sie hot sogor mehr als zwoa,
dass ma an folschn nimmt, kummt amol vor.

Ana is vorn, ana ob'm ana hint,
owa nur vorn kummt as Kind.

Meistens is as Gestänge vorn drin,
dann geht's scho dahin.

Dann geht des a poor mol so hin und her
und irgendwann geht's nimmer mehr.

Im inneren geht's dann weiter,
do wird's erst heiter.

Da Sprit is in Not,
es geht um Leben, oder Tod.

Wie beim Motorspurt,
schwimmen die Teilnehmer sofort furt.
Beim Kompf um a Ei,
san sie live dabei.

Hot's ana g'schofft,
hot sie auszohlt die gonze Kroft.

Des Teilchen entwickelt sich prächtig wie a Mercedes,
neun Monate geht des.

Neun Monate geht des voraun,
dann startet die Frau ihr'n Hubraum aun.

Wos herauskummt hot Qualität,
von die so monche Autofirma tramen tätt.

Lauter als a Lamborghini
und die Obgase stinkn ärger, als die von an oltn Mini.

Wenn's klan is brauchts an Sprit von Mamas Tank,
es hülft no ka Bierschrank.

Klana als a Fiat vierhundert,
owa mehr Energie als a Elektroauto, wos an jed'n wundert.

Is mit a bissl ana Mülch z'fried'n,
a Auto wär' do glei hin.

Wenn a Autofirma a bled gofft,
so a Wunder hom's no net g'schofft.

21.02.2013

Wir haben es oft hart mit unserem Bart

Wir Männer haben Haare im Gesicht,
bei einem wachsen sie stark, beim Anderen nicht.

Der eine will sie,
der andere wollte sie nie.

Da hilft nur eines: rasieren,
aber da kann es schon mal passieren:

Das der Rasierer rupft,
schon rennt man herum, ganz getupft.

Überall hat man rote Flecken,
man kann sie ja mit Taschentuchtupfer abdecken.

Einer rasiert trocken, der andere mag es lieber nasser,
für einen guten Duft sorgt ein Rasierwasser.

Wie dem auch sei,
das Rasieren, geht nie vorbei.

Manchmal ist das Rasieren schwierig,
es macht den Badezimmeraufenthalt Langwierig.

Jaja, wir Männer haben es oft hart,

mit unserem Bart.

31.10.2013

Wir wissen von nichts

Ist jemanden was passiert
und man hat es schnell kapiert.

Dann kann man jemanden um Hilfe bitten
und man kann das Problem beheben mit gewissen Schritten.

Kommt was auf,
ist meistens irgendwer schlecht drauf.

„Wer war das?"
Auf die Frage kommt nur ein erstauntes: „Was?"

„Na das mit dem Problem, das muss doch wer gewesen sein!"
Als Antwort kommt nur ein: „Nein!"

„Wer es war dieser Wicht,
dass wissen wir nicht."

So sind alle gut rausgekommen,
alle haben geholfen und sind mit dem Strom geschwommen.

15.10.2013

Wos is los

Ich geh' durchs Leben und eins is klass,
i hab immer so meinen Spaß.

Am ersten April,
kann man scherzen, wie man will.

Des hob i a g'mocht,
olta hom wir g'locht.

Da Papa hot no g'schlof'm, do homma g'rufm: „Papa schau,
do draußen rennt a Wildsau!"

Er hupft aus dem Bett und sogt: „Wos is los?"
Doch glei drauf hot er g'wusst: „Burschen, ihr verorscht's mi bloß!"

Mir hom uns vor lauter lochen an Bauch kolten,
erst dann homma g'scholten.

„Papa, seit wonn host du a Glotz'n?"
Er greift si auf'm Kopf und sogt: „Wieso, wos hobt's denn?"
Er ziacht owa seine Clownhaut,
na wir hom g'schaut.

Erst dann homma g'wusst und des net gleich,
auch seinerseits wor des a Streich.
19.07.2013

X – Man

Superkräfte habe ich keine,
aber dafür X – Beine

So sag ich einfach und bequem:
„Ich bin der X – Man."

Wäre ich das „Mas zu Weihnachten, dann wär' alles perfekt,
weil das X schon in den Beinen steckt.

Die Knie küssen sich, sie haben sich lieb,
wär' da nicht der unnötige Gelenksabrieb.

Aber was soll's, das Leben ist schön und es tut nichts weh,
also läuft er weiter dieser Schmäh.

Motorisiert

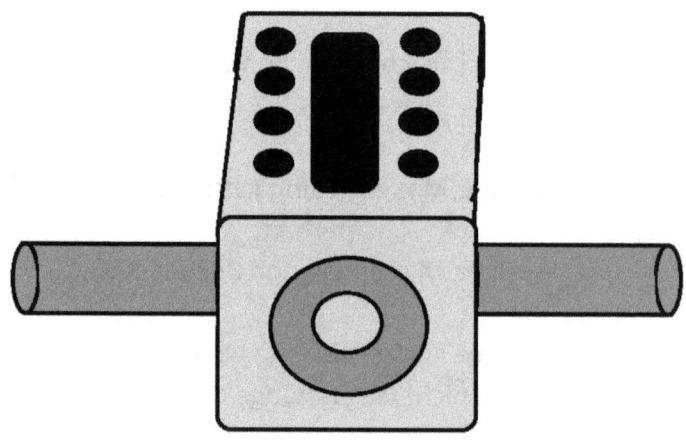

09.07.2013

Der erste Motor

Der erste Motor in der Jugendzeit,
verbreitet Jubel, Trubel und Heiterkeit.

Ist man in diesem Genuss dabei,
so fühlt man sich frei.

Den Schlüssel gedreht,
bis der Motor geht.

Manche machen es auch ganz geschickt,
das Gerät wird angekickt.

Mit fünfzehn Jahren ist er möglich dieser Schein,
unterwegs und man wird flügge, so soll es sein.

Mit Helm und Montur geschützt,
so wird das Moped genützt.

So kommt man gut durchs Leben,
auch bei Regen zieht's man durch, so ist das eben.

So verbringt man gerne die Jugend,
man wird langsam erwachsen. Das ist die Tugend.

16.08.2014

A Leb'm als Rowdi is ka Gaudi

In mein Leb'm san meistens die schenan Soch'n de passier'n,
doch es is monchmol leider a Sch*** im Hirn.

A bissal wos erzwingen, wos net sein derf,
kostet so monchen an Nerv.

Wenn Autos net grod zommen picken,
kaust monchmol viri[25] zwicken.

Is a Omp'l rot und olle miass'n steh'n, du reist die von da Nebenstroß'n vor an aunderen ein auf die Hauptstroß'n,
wenn er brav is, wird da nix zuastoß'n.

Monche san liab und Hupen net,
a wenn i mi g'stöll monchmol bled.

Hob i mi a monchmol auf g'fiat,
vü wor ka Obsicht, zum Glück is nix passiert.

Also es san scho monchmol zache Sochen wos vorkemman,
i kau mi do leider net ausnemman.

---

[25] viri = nach vor

Dann gibt's a Leit, de hom as Tempo in jeder Faser,
jo die echt'n Raser.

Da Spaß is vorbei,
holt sie auf die Polizei.

"I hob nix taun i glaub, dass mei Tacho liagt,
der hot nämlich die Eigenschaft, dass er si noch rechts
owi biagt."

"I waß die linke Seit'n die mog er net,
wal er immer noch rechts umi geht."

"Liawa Herr Polizist,
i muass Ihnen sogen, bevor ma vergisst."

"I waß net, vielleicht moch i zu vü Sport,
owa mein Fuaß vom Gas zu kriag'n is immer so hort."

"Is da Tank net leer,
dann is da rechte Fuaß immer schwer.

I waß net Herr Polizist ob Sie des kennen,
is da Schlüssel gedreht, wüll mei Auto immer flott
rennen.

"I waß wos Sie denk'n und I waß wos jetzt kummt, ach,
Herr Polizist as Leb'm als Rowdi,
is ka Gaudi!"

Jetzt as Wichtigste von dem Gedicht,
die es betrifft, bitte vergesst's des nicht.

Egal wos is, morgen oder heit,
danke an die, die aufpassen, also die braven,
zuvorkommenden Leit.

20.07.2014

As ondere Zähneputzen

Zähneputzen is net nur definiert,
wenn ma sie die Zähne rasiert.

Na, sogor beim Auto gibt's des,
nur do hot ma meistens an Stress.

Es passiert, wennst die Kupplung net gaunz druckst
und an Gonghebel scho zu früh varuckst.

Dann kummt's des Raunzen und des surren,
beim Getriebe hinterlosst des kane guaten Spuren.

Krotzt beim Getriebe, ob nutzt si Zauhn um Zauhn,
a guates Getriebe host amol g'hobt daunn.

A poor mol wird's jo nix moch'n,
owa mochst des öfter host nix zum Lochen.

Putzt an Auto zu oft die Zähn',
is des nimmer schen.

As Getriebe wird ausg'leiert,
bis da Gaunghebel nur mehr eiert.

Dann muasst an ÖAMTC, oder ARBÖ ruaf'n und as Auto aufladen
und olles nur wegen an Getriebeschaden.

13.10.2012

Autokarussell

Manchmal kommt man sich zu gut vor,
da geht es ganz schön rund sei ganz Ohr.

Mir ist das nämlich auch passiert
und habe durch ein Glück nur eine Fahrt mit dem Autokarussell einkassiert.

Die Straße nass,
trotzdem gab ich Gas.

Da kam die Kurve, ich war viel zu schnell,
da ging die Fahrt los mit dem Autokarussell.

Lenken um die Kurve zu kriegen
um richtig einzubiegen.

Plötzlich merkte ich, es war zu viel,
da begann das gefährliche Spiel.

Das Heck brach aus,
ich dachte kurz bitte nicht gegen einen Baum, denn das wäre ein Graus.

Das Auto steht, das wäre geschafft,
da habe ich mit einen Schrecken in den Verkehrsspiegel gegafft.

Oh nein ein Auto kommt und ich auf der falschen Straßenseite,
zum Glück war mein Auto nicht das extrem Breite.

Der Warnblinker blinkte, hupen wollte ich auch,
drückte, doch es kam nicht so wie ich es brauch.

Von der Hupe kam kein Ton, der Motor sprang nicht an,
wenn da jetzt was passiert, was mach ich dann?

Nun war er da,
blieb vor mir stehen ziemlich nah.

Ganz langsam fuhr er vorbei,
ich nachhause und bin gesund mitten im Leben, ohne Schaden wieder dabei.

20.07.2014

Autoklau mit Hindernissen

Zwei Diebe wollten ein Auto stehlen,
doch wie sich herausstellte, mussten sie sich quälen.

Die Tür war schon mal schwer zu knacken,
sie mussten richtig anpacken.

Reingesetzt, wie einfach es doch wäre,
wäre da nicht die Lenkradsperre.

Doch wie es für einen Dieb so ist,
sie knackten sie mit einer List.

Wie sie es geschafft haben? Keine Ahnung, denn es ist schwer,
eine Lenkradsperre zu knacken schafft sonst nie wer.

Der Kabelsalat war ihnen schnurz,
sie schlossen den Wagen kurz.

Lange dauerte es, doch er sprang an
und was kam dann?

Gang hinein,
oh nein ist das gemein!

Vom Getriebe ein grausiger Ton
und auch der Ganghebel blieb nicht in Position.

Nach circa fünfzig Metern starb der Wagen ab,
Treibstoff war zu knapp.

Voller Ärger ließen sie den Wagen schlussendlich stehen,
was soll's müssen sie halt wieder gehen.

10.07.2013

Busreisen

Eine Reise ist geplant,
mit Koffer bepackt und unter einer Kappe getarnt.

Steigen die Gäste zu
und die Fahrt geht los im Nu.

Auf nach Wien,
wo ich immer so begeistert bin.

Begeistert von der großen Stadt,
die eine gewisse Spannung in sich hat.

Im Bus ist es warm,
doch die Damen werden umworben mit Charme.

Mit Cola und Bier,
geht die Reise weiter hier.

Er kommt auch in den Gesangsgenuss,
es ist der Fahrer vom Bus.

Fröhlich und besonders happy,
setzen alle auf ihr Cappy.

Denn das Ziel ist nah,
Wien, wir sind schon fast da.

Steht der Bus,
dann sind wir angekommen und fürs erste ist mit dem
Fahren Schluss.

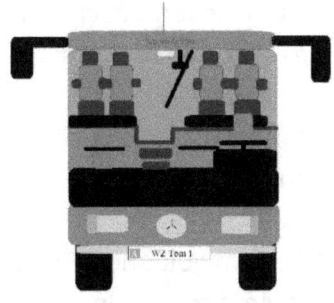

04.07.2013

Der goldene Flügel

Elegant und anmutig steht sie da,
Freunden liegt sie am Herzen und die Schlüssel sind
immer ganz nah.

Fein ausgeführt mit Technik und schnick schnack,
die Erbauer, die sind echt auf Zack.

Sie ist eine Maschine mit viel Kraft,
Benzin, mit ihm läuft sie mit diesem Saft.

Ein Wunder der Technik,
ein Bewunderer dieser Maschine ist ein Honda Freak.

Mit Radio und Zentralverriegelung ausgestattet,
der Motor wird natürlich elektrisch gestartet.

Und mit der Zeit,
wuchs auch die Sicherheit.

Zum Sicherheitscheck,
gehört ABS und Airbag.

Dadurch fährt man sicher fort
und man kommt gut an den gewünschten Ort.

Mit dem goldenen Flügel,
bezwingt man jeden Hügel.

Der Fahrtwind ist live dabei,
mit der Goldwing fühlt man sich frei.

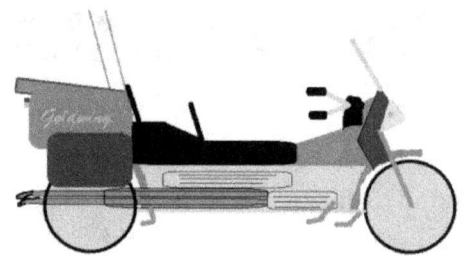

25.02.2013

Der Stern

Man schrieb das Jahr 1891 als die Daimler Geschichte begann
und schon damals die Herzen der Autofreaks gewann.

Emil Jellinek's Tochter verdankt das Fahrzeug den heutigen Namen,
den die Leute 1899 bei der Rennwoche von Nizza das erste Mal zu hören bekamen.

Mercédès war der Name,
der Dame.

Noch heute läuft dieses tolle Auto unter dieser Bezeichnung,
und bringt PS und Schwung in die Umgebung.

Das Auto mit dem schönen Stern,
hat jeder gern.

Leistungsstärke und Ausdauer wird diesem Fahrzeug nachgesagt,
deshalb ist es sehr gefragt.

Egal ob Diesel oder Benzin,
dieses Auto bleibt treu und hält dich für gewöhnlich nicht hin.

Lange Strecken,
werden den Fahrergeist wecken.

Mit dem heutigen Komfort,
kommt man sich in einem Mercedes, fast wie in einem Wohnzimmer vor.

Egal ob spritzig oder viel Platz,
ein Mercedes ist ein wertvoller Schatz.

Wir sind stolz auf Mercedes, auf seine Power,
auf seine Kraft und Ausdauer.

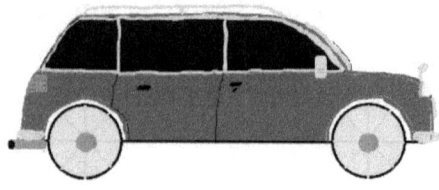

(Infos von Wikipedia)

05.02.2016

Ein Meister im KFZ Bereich

Nichts ist ihm zu schwer,
dieser Kfz Meister bemüht sich sehr.

Egal ist beim Motor was kaputt, oder ist die Stoßstange hinüber,
dieser Herr repariert alles und lackiert wunderschön drüber.

Ist der Sitz demoliert,
oder sonst irgendwas nicht in Ordnung, es wird getüftelt und repariert.

Gibt es etwas nicht mehr auf dem Markt,
muss man wissen, dass der Herr nicht verzagt.

Dann wird gebastelt und gebaut,
dass ein jeder nur so schaut.

Bleibt man diesem Herrn treu,
dann sieht dein Wagen immer aus wie neu.

Das Auto läuft wie geschmiert,
wenn der Herr es repariert.

Menschlichkeit und Nettigkeit der Herr auch niemals scheut,
ist man Kunde bei ihm, wird man immer bestens betreut.

Mit Eifer und Tatendrang,
ist er am Arbeiten und zieht an einem 100 Prozentigen Erfolgsstrang.

Will man dem Auto einen perfekten Schliff verpassen,
muss man das Auto dem Herrn überlassen!

02.12.2015

Gatschhupfer

Des Mannes Freid,
is die Gatschhupferzeit.

Montur aun, Helm drauf
und auf die Maschin' rauf.

Den Kickstarter treten,
Gaung Rein und schon draht as Hinterradl aun die Ketten.

Am besten wo hin, wo a Gelände is
und herum hupfen, des is ana der schensten Sochen,
des is g'wiss.

An Berg aufi und owi matern
und so monchen Fleck auf da Hosen ergattern.

Wennst durch die Mühe schwitzt
und as Hinterradl an Dreck weg spritzt.

Dann is olles guat,
des entfacht des Gatschhupferfreundes Gluat.

17.08.2014

Geisterfahrer

Eine Situation die nichts Gutes verheißt,
ist, wenn beim Fahrer fehlt der Geist.

Ein bisschen verfahren auf der Autobahn
und schon beginnt der Geisterwahn.

Fährt man mit dem Auto auf die Autobahn und das nicht ganz richtig,
so ist extreme Vorsicht ganz wichtig.

Alle fahren auf dich zu
und du bist verwundert im Nu.

Was ist da los?
Warum fahren die alle falsch bloß?

Nur, wenn du statt färbige Weisungsschilder nur noch graue siehst,
fraglich, ob du dann noch entspannt bist.

Wenn die Frontscheinwerfer auf der gleichen Spur dich blenden,
darfst du ausnahmsweise aufs Navigationssystem hören, welches sagt: "Bitte wenden!"

16.09.2012

Gor net so leicht

I mecht eich a interessante G'schicht schreiben,
was einige Bauern noch immer betreiben.

Traktor start'n, ba die olt'n Maschinen,
do brauchst a Schmolz in die Orm drinnen.

Do geht nix mit Schlüssel dreh'n,
do muasst zerst fest am Bod'n steh'n.

Kurbel rein,
echt zach, wal jetzt wird's richtig Onstrengend sein.

Ba die urolt'n Becha homs no reing'hoazt,
zum Vorglüh'n, wal sunst as Kurbeln no mehr roazt.

Dann no die Kompression raus,
sunst wird nix draus.

Los geht's kurbeln mit Schwung, solang ma kaunn.
Kompression wieder rein, es racht so soll's sein dann
springt da Traktor aun.

Ans is no wichtig Gas weg,
sunst kriag'n die Ohren an Schreck.

Schon kaunnst los foah'n, bis duat hin is es gor net so leicht,
owa das da Motor laft, des host erreicht.

26.08.2015

Hamma was getrunken

Neulich war ich wieder mal auf den Straßen unterwegs,
der Schleicher vor mir ging mir auf den Keks.

Links und rechts, nirgends kam man vorbei,
na wie dem auch sei.

Bei der nächsten Gelegenheit,
hatte ich die Unverfrorenheit.

Das Überholmanöver war riskant,
ich weiß normalerweise bin ich dafür nicht bekannt.

Doch ich wollte Fahren
und gab die Sporen den Karren.

Da fuhr ich vorbei,
bei den Freunden, die Polizei.

Sie begannen zu winken
und ich musste rechts blinken.

Kaum gestanden,
begannen die Freunde zu beanstanden.

"Samma zu schnell gefahren."
Das sagte der Gesetzeshüter mit einem Blick einen
ernsten starren.

Führerschein und Zulassung,
er brachte mich nicht aus der Fassung.

Ich gab ihm die Papiere und wartete auf die nächste Frage,
so eine Kontrolle hat man dann doch nicht alle Tage.

"Hamma was getrunken?" "Ja!", erwiderte ich,
mit einem bösen Blick musterte er mich.

"Dann gemma blasen!"
Darauf ich: "Na ja, ich mach es schon ich muss es ja nicht lassen."

Das Röhrchen zeigte null komma null Promille,
ich weiß das sind nicht viele.

Darauf sagte er sehr ernst: "Sie haben doch gesagt sie haben was getrunken."
Darauf ich: "Ja, Eistee, Cola, Fanta, beim Autofahren habe ich doch noch Verstand einen Funken."

Darauf wird das Auto böse kontrolliert,
doch wie sehr er sich bemüht, kein Grund das man irgendeine Strafe wegen eines Defekts am Auto einkassiert.

So musste er, einen Fahren lassen
und zwar mich. Ohne Strafe, ich konnte es fast nicht fassen.

04.07.2013

Minutenklescher

Früher wors schwer an Traktor starten, du host a
Kurbel g'hobt. Wor da Motor kolt
und du zu schwoch, dann bist ans g'word'n dabei und
zwor olt.

Du host draht und draht,
wennst zu schwoch worst, hots die wahrscheinlich
irgendwonn hot's di nimma zaht.

Dann is da Papa kummen der Bär,
der hot draht und do schau her.

Da Motor is g'rennt,
du host di verausgobt und host neb'm scho holb pennt.

G'rennt is a mit ordentlich Gas,
endlich fohr'n des wor scho klass.

Owa vüle fohr'n scho ausgestottet mit an Starter,
do hot sie net amol mehr g'schunden da Vater.

Umi draht und da Traktor is scho g'rennt,
i bin ma net amol sicher, ob no jeder a Kurbel kennt.

Dann host as g'hert as Klopfen,
zerst wor die Orbeit und dann da Kropfen.

Minutenklescha wor fürn Traktor da Ausdruck,
a Oldtimerfan, erinnert sie immer gern an de Traktor
z'ruck.

17.11.2014

Mit Vollgas

Die Autos von heute sind teilweise schon so konzipiert,
dass die Umwelt geschont wird.

So sieht man von Zeit zu Zeit Autos auf der Strasse, da
ist die Besonderheit das Hybrid,
da ist zusätzlich ein Elektroantrieb Mitglied.

Dann gibt es auch Autos, die laufen vollständig mit
Strom und surren leise durch die Welt,
dies spart Abgase und Geld.

Ein Mann rast mit einem grünen Auto auf den Straßen,
ein Polizist kann es gar nicht fassen.

Er hält ihn auf,
der Fahrer sichtlich gut drauf.

"Herr Inspektor, was darf es denn sein?"
"Ja mein Herr, ich werfe mal einen Blick auf den
Führerschein."

"Zur Verkehrskontrollenvollendung,
geben Sie mir bitte auch die Zulassung.

"Sagen Sie mein Herr, fahren Sie mit Erdgas?"
"Nein Herr Inspektor, ich weiß es ist voll krass, aber ich fahr nur mit Vollgas."

"Mein Herr man sieht's,
Ihre Geschwindigkeitsübertretung ist kein Witz."

"Viel zu schnell durch die Ortschaft,
dass ist es was Gefahr schafft."

"Herr Inspektor ich kann nichts machen,
mein rechter Fuß macht dumme Sachen."

"Mit Unterstützung meiner rechten Hand,
fahr ich flott und hupend durchs ganze Land."

"Mein Herr ich schlage vor, denn der Fuß ist schwer
und drückt aufs Gas zu sehr."

"Deshalb ist eine Schlankheitskur für den,
Fuß wirklich muss."

"Machen Sie was, dass sich Ihre Hand,
beim Fahren entspannt."

"Einmal drück ich noch ein Auge zu,
aber das nächste Mal ist der Schein weg im Nu."

"Danke Herr Inspektor für ihren Rat,
ich hoffe sehr, dass sich mein Hirn das gemerkt hat."

11.09.2014

Moped voll im Gange

Als junger host nur ans im Sinn
und zwor, dass i glei am Moped sitz und frei bin.

Amol owitret'n und es geht,
woll ma wett'n?

So wor des mit die gonz olt'n Schinken,
do host Hondzeich'n geb'm miass'n stott blink'n.

Stink'n tuans wia nur wos,
wurscht, denn wen stört des bloß?

Laut san's, net zum Überhean,
schen is, wenn die Gels'n blean.

Freiheit pur,
mit Lärm und Benzingeruch in der Natur.

So schen kann des Leb'm sein,
nennst du als Jugendlicher a Moped dein.

Denn steh'n die onderen beim Bus Schlange,
dann is dein Moped voll im Gange.

04.07.2013

Motor starten

Auf den Sitzplätzen der Strecke warten die Leute,
sie sind voller Anspannung heute.

Ein Rennen, welches so viel zählt,
zieht in den Bann, die halbe Welt.

Ist das Ziel auch nicht besonders nah,
der Titel ist nur für die Besten greifbar.

Vor der Ziellinie stehen die Wägen,
hintereinander und auch daneben.

Nun heißt es: „Motor starten!"
und auf das Startsignal warten.

Aus dem Auspuff sieht man es bereits rauchen,
nun kommt es aufs Auto und aufs Geschick an, welches
die Fahrer brauchen.

Die Fahne fällt, die Reifen drehen,
ab jetzt bleib niemand mehr stehen.

Eine Runde, die Zweite und die Dritte
und beim Überholen ein bisschen Action bitte.

So fahren die Fahrer ihre Laps,
für die Gewinner gibt es Ansehen, Kohle und am
Feierabend vielleicht einen Siegesschnaps.

30.07.2013

Reiß aun die Maschin'

Da Mike,
steht gonz stulz vor seinem neuen, olt'n Bike.

Er gfreit sich vull, hot a Foto auf Facebook,
und is stulz auf sei Gerät, sein Schmuck.

Jetzt steht sie vor iahm sei Bike,
auf Facbook hot as Foto sogor von iahm a like.

Er draht den Schlüssel und tritt den Kickstarter runter,
auf amol wird er munter.

Er is zu leicht,
er braucht ka Red Bull, nur sein Motorradl, des reicht.

Da Kickstarter schnöllt in die Höh,
er fliagt drüber, Jessers nö!

As Motorradl no imma steht,
er liegt aufm Bod'n und schaut amol bled.

Er denkt sich: „Olta, des Gerät kaunn mi net jedes Mol beim Kicken,
in den Himmel schicken.

Vom Flug hot er si wieder erholt und is übern Berg,
da Mike hot's noamol orndli zua gschnürt sei Schuahwerk.

Mit Mut und voller Elan,
hot er g'schrian: „Spring endlich an!"

Dann hot er noamol owi kickt,
owa diesmol wor er g'schickt.

Er hot an Fuaß sofort weg taun,
sodass es ihm nimma drüber schmeiß'n kaunn.

A bissal a Gas dazua
und mit Standby is jetzt a Ruah.

Endlich laft des Gerät,
und da Mike g'freit si, wals jetzt auf die Reise geht.

19.06.2013

Royal Schlitten

Zu besonderen Anlässen,
ist man in diesem Auto gesessen.

Ein Auto mit neunhundert PS,
dank Verpflegung hat man keinen Stress.

Lederbank
und eine Flasche Sekt im Schrank.

Mit einem schönen Gehupe,
werden sie geholt, der Prinz und seine Puppe.

Taucht der Schlitten auf,
ist jedermann gut drauf.

Weißes Auto, dunkle Scheiben,
so eine tolle Fahrt, lässt doch keiner bleiben.

Hinten Glamour und vorne ein Chauffeur,
die Leute sind ganz hübsch und waren beim Friseur.

Ganz edel, dass ist der Sinn,
das Erlebnis geht nie mehr aus dem Kopf und ist ein echter Gewinn.

24.03.2013

Trucker Leben

Wir würden ganz schön blöd schauen, würde es sie
nicht geben,
die Menschen mit dem Trucker Leben.

Sie fahren für uns, Tag ein und Tag aus,
ins Land rein und auch wieder raus.

Sitzen in ihrem Truck,
fahren Kilometer und tragen Verantwortung und das
nicht zu knapp.

Sie steuern ihre Riesen Wagen,
damit wir was zu anziehen haben, unsere Autos
steuern können, oder für was in unserem Magen.

Deshalb müssen wir einmal danke sagen,
an die Frau und den Mann mit dem großen Wagen.

27.01.2016

Urig und einspurig

Weil das Wetter es erlaubt
Und das Motorrad die Sinne raubt.

Schwingt er sich rauf auf sein Bike
und schon ist er vorbei der Winterstreik.

Der Motor wird gestartet,
denn die Batterie ist gewartet.

Das Motorrad rennt
und jeder weiß, dass er keine Grenzen kennt.

Rauf aufs Gas und rein in den Verkehr,
trotzdem, achtsam ist er.

Mit Motorrad und Lederdress,
kennt er heute keinen Stress.

Er fährt so durch das Land,
dafür ist er bekannt.

Ein uriger Mann, langer Bart und langes Haar,
ein Urgestein er wirklich immer schon war.

So genießt er das Leben,
als würde es dies ewig geben.

Dann bleibt er bei einem Wirtshaus stehen,
um etwas Trinken zu gehen.

Trinken darf er wohl,
nur keinen Alkohol.

Und so weiß er und er genießt,
dass die Sonne aufs Land herunter sprießt.

Jeder weiß, er ist wieder unterwegs und zwar urig
und einspurig.

25.02.2013

Voll Speed

Alle schön aufgereiht,
sind sie für die Rennrunden bereit.

Die Motoren heulen,
zu Zuschauer freuen sich auf Spannung und mögliche
Beulen.

Der Drehzahlmesser schnellt hoch,
ein paar Sekunden noch!

„Bahn frei!" So ertönen die Stimmen den
Kommentatoren,
die Reifen drehen durch, man hört die Arbeit der
Verbrennungsmotoren!

Enge Kurven werden gefahren,
die Zuschauer fiebern mit bei so vielen Gefahren.

Da! Ein Dreh!
Frontalkrach! Au, das tut weh!

Die Sanitäter eilen herbei
und die Mitstreiter glühen mit Vollspeed vorbei!

Man sieht, der Fahrer steigt aus, dank
Schutzausrüstung ist ihm nichts passiert,
bloß das Auto hat einen Totalschaden einkassiert!

Der zweite, der ebenfalls ins Unglück verwickelt ist,
nun auch bloß den Sieg vermisst.

Für die Beiden ist die Raserei,
jetzt halt vorbei.

Aber man merkt nach 30 Runden, die Menge tobt,
als hätte man es vorher geprobt.

„Ziel!"
Es gibt nun einen Gewinner, so endet dieses Rennspiel!

Vom Voll Speed gehetzt,
feiern die Gewinner jetzt und alle blieben unverletzt.

Was für eine Spannung,
so ein Rennen bringt den Blutdruck in Schwung!

30.10.2013

Vullgummi

Ma hört, da Wogen reat[26] umi[27],
da Kollege gibt wieder Vullgummi.

Die Reifen sind heiß,
do schmilzt sogor im Winter das Eis.

Dann rennt er um die Eck'n,
da Wecker wullt ihm heit net weck'n.

Da große Meister derf as zu spät kommen net entdeck'n,
sunst kaunn ma iahm am Orsch leck'n.

Zu Recht, des denkt er sich:
„I bin so a Vullgummi echt!"

Dann hetzt er rauf,
zum Glick hot'n kana dawischt, also kriagt er kan Deck'l drauf.

---

[26] reat = steirisch für: weinen, quitschen
[27] umi = rüber

Unten siacht ma no die Reifenspur,
des wor wieder amol Action pur.

Owa wie dem auch sei,
es geht jo olles vorbei.

Der Alkohol

Prost!

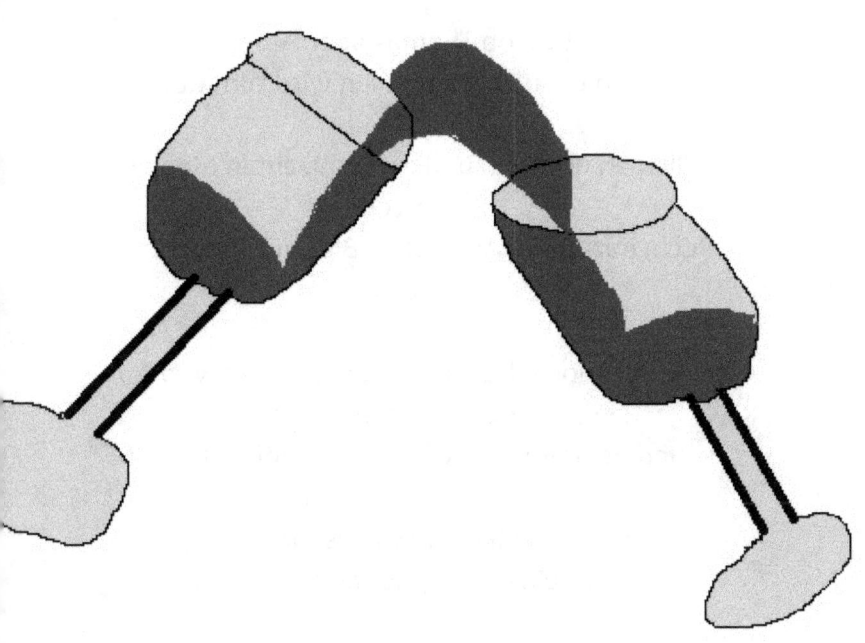

30.08.2011

Betrunken

Es ist der Grund warum es im Kopf kräftig zischt,
wenn man zu viel erwischt.

Eine Hemmschwelle, man fühlt sich oft frei
und ist bei jedem Blödsinn dabei.

Doch egal ob Sandler, Lady oder Wedel,
wenn es zu viel wird, brummt der Schädel.

Egal ob Thomas oder Sepp,
wenn es zu viel wird, man wird zum Depp

Will man nett sein und den schlechten Manieren trotzen,
Pech, mit zu viel Alkohol im Blut muss man leider kotzen.

Die Reaktion wird langsamer und man wird zum unbeholfenen Zottel
und benimmt sich oft wie der größte Trottel.

Was Alkohol aus uns macht?
Der eine weint, der andere lacht.

Der eine wird aggressiv,
bei zu viel Apparativ.

Einer wird brav wie ein Lämmchen,
der andere singt ein Ständchen.

Ja, der Alkohol hat es in sich,
zu viel ist Gift für mich.

Stellt euch vor, statt einer schönen Frau sehe ich gleich zehn,
wenn es soweit ist könnte ich, wenn es blöd läuft schon vorm Himmelstor stehen.

Das Problem sind nicht die schönen Frauen und das Paradies,
nur die Leber würde es nicht schaffen und ich müsste zu früh sterben, dass wäre fies.

21.10.2012

Bier und Wein

Die Mischung von zu viel Bier und Wein,
kann ganz schön ungemütlich sein.

Genießt du zu viel davon,
was hat man dann schon?

Wofür ich viel ins Feuer lege,
wenn man zu viel trinkt, kommt es wieder auf dem verkehrten Wege.

Trinkst du zu viel Wein und Bier,
fährst du nirgends mehr hin, dann bleibst du hier.

Die meisten Leute werden sich entscheiden,
wird ihnen eher Bier oder Wein begleiten.

Weil in beiden Getränken ein verschiedener Geschmack steckt
und den meisten nicht beides schmeckt.

Trinkst du nicht zuviel, sondern in Maß und Ziel,
dann wird dir das nie zu viel.

Wenn es dir schmeckt,
hast du ein tolles Genussmittel entdeckt.

27.07.2012

Bitte loss mi net im Reg'n steh'n

Wenn's im Schäd'l kräftig zischt,
dann hot ma wahrscheinlich z'vü dawischt.

Net wundern, wenn ma an Bledsinn scheppat,
da Alkohol mocht nun amol deppat.

Wenn as Pensum amol reicht,
wird olles schen und leicht.

Wirst vielleicht alles doppelt seh'n,
dann is nur mehr a Hoffnung: „Bitte, loss mi net im
Reg'n steh'n."

Egal ob Familie, Freunde oder Schatz,
bist a guata Kerl mogst olle und gibst am liabs'n an
jed'n an Schmatz.

Für des, dass da helf'm und si um die Sorg'n,
bleibt nur zu hoff'm: „Hoffentlich ka Schädlweh morg'n.

Host a Glick und du bist g'sund,
geht's trotzdem gonz schen rund.

Host an Durscht, es is fost net zum Ausholt'n,
owa sunst is eh olles beim Olt'n.

Host Schädlweh,
host gonz schen z'tuan, dass g'sund wirst des is koa
Schmäh.

Host dann guate Kollegas im Vertrau'n,
host a Glick, dass auf die schau'n.

Konnst nur hoff'm, dass olles schnö wieda guat wird
und ma mant oft, dass ma si vorm Alk dann a bissi zirrt.

31.07.2013

Bitte noch ein Bier

Ich sitze in der Kneipe und hinter mir,
schreit einer: „Bitte noch ein Bier!"

Er klang schon sehr beduselt
und die Leute die bei ihm vorbei gingen hat es gegruselt.

Denn die Umgebung beschwipst einen sogar, wenn du nüchtern bist,
auch, wenn man Bierliebhaber ist, kann es sein, dass es zu viel ist.

Zuviel Bier macht sogar dumm
und irgendwann fällt man um.

Mir kam vor, der Herr war schon ganz wirr,
plötzlich hörte ich wieder: „Bitte noch ein Bier!"

Darauf der Kellner: „Lieber Herr, jetzt ist aber Schluss,
weil, dass was reingeht, auch wieder einmal raus muss."

Darauf der Herr: „Das soll es jetzt gewesen sein?
Hier dieses Geld ist dein!"

Man macht oft Blödsinn nach dem Saufen,
deshalb bin ich ihm hinterhergelaufen.

Das schönste am letzten Reim,
er kam unverletzt heim.

10.06.2014

Das Gebet der Säufer

Herrgott, lass uns beten,
wir danken dir für unsere "Fetten"

Wir glauben an die Tatsache, Bier und Wein,
oh Herr lass das sein.

Zuviel sprengt den Kopf
und landet unverdaut wieder in einem Topf.

Ich glaube nicht nur an den heiligen- und den Melissengeist,
sondern auch an jenen, der mir etwas Wissen verheißt.

Oh Herr, du wirst sehen,
wenn ich nüchtern bin, kann ich auch wieder stehen.

Solange schwöre ich der Erde Treue,
jeden Rausch aufs Neue.

Schütze uns vor Schädelweh,
Zwieback und Kräutertee.

Wenn's in den Adern wird warm,
streck umso mehr aus, deinen schützenden Arm.

Schütze uns vor halb verdauten Alkohol der Kumpanen,
jetzt und in Ewigkeit Amen.

09.07.2013

Nudelfett

Da Tommy liegt mit Kopfweh in seinem Bett,
gestern wor er wieder Mol Nudelfett!

Er kennt sich gor net aus,
as Gesöff kummt hoch: „Ach welch ein kraus!"

Sei Freindin siacht er doppelt:
„Hui! Zwoa Schatzis!" So is er ins Bett z'ruck gehoppelt.

As Küssen losst er liaba bleib'm,
wal jede Minut'n muass er speib'm.

Er sagte noch: „Schatzi – schön, dass es dich gibt,
dann is er wieder kotzend nach vorn gekippt.

Heller als as G'wond vom Scheich,
da Tommy, der is gonz schen bleich.

Die Gehirnzellen ein echtes Geschenk,
owa mit jeden Rausch sog'n a poor „Pfiat enk!"

Tuat er weh, da Schädel und as Hirn,
leider muass er a Zeit so dahinvegetieren.

30.09.2013

Zuviel Alkohol tut einfach nicht wohl

Manchmal will ich es einfach wissen,
auch wenn ich weiß, mir geht es dann beschissen.

Ich weiß ja, zu viel Alkohol,
tut einfach nicht wohl.

Wenn ich volllaufen lass die Birne,
läuft's nicht mehr rund im Gehirne.

Der Blödsinn sprudelt aus mir raus
und niemand kennt sich mehr aus.

Sollte wissen, was ich vertrage
Und recht geschieht es mir, wenn ich mich dann plage.

Wenn ich den Alkoholpegel nicht schnalle,
ist klar, dass ich irgendwann umfalle.

Bin ich auch noch so ein Luder,
mir helfen Cousins, also Verwandte, Freunde, Familie,
besonders mein Bruder.

Ist man im Trinken auch ein Streber,
sag ich: „Danke, fürs Reinigen liebe Leber!"

Danke, an euch meine lieben für eure Geduld,
manchmal stecke ich tief in eurer Schuld.

Wenn ich schlimmer bin, als so manches Kind,
gibt es bei mir immer, Menschen, die für mich da sind.

Tierisch

12.08.2011

A so a Krawall

Des Viecherl mocht an Krawall,
schau, so a herziges Föllknal[28].

So klan,
owa Vastärker braucht's kan.

Eh net vü do,
und trotzdem lärmt's so.

Des Viecherl hot Potential,
do brauchst stott an Lautsprecher an Schutz geg'n den Schall

So klan und so laut,
dass da die Ohrwaschl fost weghaut.

Aus! Viecherl, sei g'stüll,
wal i mei Ruah hob'm vüll.

Wal's ka Ruah geb'm hot,
hob i wos gehult in da Not.

Es wor a Schweinsbrot'n, a Brot und Beilog,
as Hunderl hot g'fressn, wos es is, hot's net g'frog.

---

[28] Föllknal = Fellkneuel

Danoch hot a sie umikaut,
und as Sauerkraut vadaut.

05.02.2016

Action in Spanien

Irgendwo im Zentrum von Spanien,
ist das Stadion gefüllt, die meisten sind einheimische,
jedoch sind da auch Leute aus Österreich und Germanien.

Ein Mann ganz stämmig gebaut,
das Tierchen, der Stier doch noch um einiges wuchtiger ausschaut.

Die Hörner sind sehr spitz sowie,
ein etwa 1000 Kilogramm schwerer Körper befindet sich oberhalb der Knie.

Wütend schauen beide drein,
wie soll es bei einem roten Tuch anders sein.

Der Matador wachelt und gibt keine Ruh,
da entflieht dem schnaubenden Stier ein lautes „Muh!"

Das Publikum tobt als das Tierchen mit dem Huf scharrt,
der Matador munter weiter hüpft und nicht vor Angst erstarrt.

Das Stierlein schon ganz böse blickt,
während der Matador weiter mit „Ole!" und dem roten Tuch Signale schickt.

Da rennt er los, der Stier kann es nicht fassen,
er zeigt, dass er dieses Tuch nicht mag, trotzdem kann der Matador es nicht lassen.

Der Stier hat eigentlich ein ruhiges Gemüt, doch wenn dieser Kerl es nicht lassen kann,
dann wird er jetzt des Stieres Zorn spüren der gute Mann.

Mit gesenkten Haupt,
rennt der Stier auf ihn zu, dass es gleich so staubt.

Als der Stier voller Zorn auf zum Tuche ringt,
der Matador zur Seite springt.

„Ole!
Haha, nicht erwischt, ohne Schmäh."

Unzählige Runden geht das hin und her,
bis dem Stiere fällt das laufen schwer.

Er denkt sich: „Ich sehe nur rot, das hat doch keinen Sinn,
übermüdet legt sich das wuchtige Tierchen hin.

Er gibt sich geschlagen
und denkt sich: „Aber nächstes Mal wirst du kein lachen mehr wagen!"

Somit begibt sich der Matador zu einem Bier,
gegönnt sei ein ordentlicher Kübel Wasser dem Stier.

Das Publikum egal ob dürr oder ob Pfosten,
kam auch auf die Kosten.

09.02.2016

Auf den Hund gekommen

Will man mit einem Plüschtier sein,
dann schaff dir an ein liebes Hundilein.

Dieses Tierchen treu,
aufgeweckt und gar nicht scheu.

Beschert dir Freude und Aktion
Und beschert vielleicht ja auch eine Damenconnection.

Connection heißt Verbindung,
findet sie das Hündchen toll, kommt das Herz vielleicht
auch wegen dir in Schwung.

Beziehung und Freude durch das Wuffi,
schon toll so ein Schnuffi.

29.01.2014

Da geht's um den Keks

Ich singe für meine Liebe,
schon hör ich: „Ah, da draußen sind sicher Diebe!"

Drüben in der Kammer,
hör ich Katzengejammer.

Sie jaulen mit mir mit,
für sie zumindest ist es ein Hit.

Plötzlich ging ein Fenster auf
und ich bekam etwas Hartes auf den Kopf hinauf.

Als ich schaute,
ich meinen Augen nicht traute.

Ein Keks, nur für mich?
Naja, diese Singerei spricht ja doch für sich.

Doch plötzlich ging es rund,
denn den Keks sichtete auch ein Hund.

Auch eine Katze kam dazu,
doch die war wieder weg im Nu.

Der Hund hat sie verscheucht
und während er zum Keks hin keucht,

renne auch ich dort hin,
ob ich schneller als der Hund bin?

Ich beugte mich zum Keks hinunter, der Hund,
der knurrte munter.

Er schaute mich ganz böse an,
den Keks zu verteidigen, dass ist sein Plan.

Doch ich schnappte den Keks und steckte ihn ein,
jetzt muss ich schneller als der Hund sein.

Ich rannte so schnell ich kann,
dass war knapp, Mann oh Mann!

Den Keks habe ich gewonnen,
der Traum vom Keks ist für den Hund zerronnen.

Bist du länger unterwegs,
schmeckt sogar ein harter Keks.

Meine Süße habe ich nicht gesehen,
dafür ist das mit dem Keks geschehen.

Die Moral von der Geschicht',
unterschätz mich bloß nicht.

04.07.2012

Da Wufftl

Jetz frogt si wahrscheinlich wos a Wufftl is,
des Viecherl kaunn böll'n des is g'wiss.

A süßes Hunderl, wir hom's lieb
und san froh, dass des Viecherl gib.

Hier und do is es holt a bissi laut,
wal es sich von seinem Organ gebrauch nehmen traut.

„Aus! A Ruah jetzt!"
Owa des Viecherl sich trotzdem sich nicht auf seine Packerl setzt.

Da Wufft'l losst si net davon obbringen,
im Gegenteil, er fongt gonz heftig aun zu springen.

Wenn des so is, dann braucht da Wufft'l wos,
wos wüll er bloß?

Muass er auf die Wieß'n,
die Blumen begieß'n.

Oda wüll er wos fress'n
stattdessen?

Da Durscht is an Wufft'l a net egal,
is es so zoagt er ins Schüssal und sunst ins Futterregal.

Also imma, wenn da Wuffl böllt hob i des G'fühl,
er woaß genau, wos er wüll.

11.12.2014

Das geht durch die Haut

Ein Hund hat den anderen den Knochen geklaut,
das Gehäule vom Bestohlenen geht durch die Haut.

Doch auch Hunde können etwas Schnallen[29],
ne, er lässt sich das nicht gefallen.

Jaja, der treibt es etwas zu bunt,
der Nachbarshund.

Er ist zwar viel größer als er,
doch sich zu wehren ist ganz und gar nicht schwer.

In seinem Köpfchen kommt ihm ein Wink,
der Nachbarshund ist ganz und gar nicht flink.

So rennt er hinüber zum Nachbarn und erwartet ein Geketsche[30],
der Nachbar seinesgleichen erwartet ihn mit Gefletsche.

---

[29] schnallen = in diesem Sinne "verstehen"
[30] Geketsche = Rauferei

Da entdeckt der Kleine den Knochen
und beginnt vor Wut zu kochen.

Er rennt zum Knochen hin,
den ihn zu verstecken kam den Herrn Nachbarn nicht in den Sinn.

Der Nachbar seinesgleichen,
wollte dem Leckerbissen nicht von der Seite weichen.

So geschah es. Der Kleine sprang dem Großen auf dem Rücken,
was dann geschah lies den Großen nicht entzücken.

Er biss den Nachbarn in den Rücken, welcher hat den Knochen geklaut,
oh Mann, dass ging durch die Haut.

Während der Nachbar noch mit den Schmerzen beschäftigt war,
machte der Kleine den Knochen klar.

Er verschwand durch die Hintertür und was ihn freute,
er hatte den Knochen als Beute.

Der Große ging beim Knochen leer aus,
ihm blieb bloß der Trockenfutterschmaus.

25.08.2014

Der Bernhardiner ist ein echter Schlawiner

Geht's zuhause rund,
ist das bestimmt wegen einen Hund.

Bernhard ist sein Name,
wenn er wütet gibt es bald eine Reklame.

Hüpft er auf den Schoß,
kann es schwer werden, denn Bernhard ist groß.

Schleckt er dich dann ab,
wird's mit der Nässe nicht zu knapp.

Er hat auch eine ordentliche Lunge,
dass hört man, wenn er hechelt mit der Zunge.

Er ist ein gutmütiger Kerl, doch sperrt man ihn in die Garage,
verfällt er in Rage.

Er bellt, dass das Haus hallt,
sodass es fast bis zum Nachbardorf schallt.

Lässt man ihn dann wieder raus,
läuft er schneller als ein Vogelstrauß.

Als Dank für den Freiheitsraub,
wirbelt er auf einen Haufen Staub.

Dann sucht er sich einen Dreck oder Schlamm,
dann helfen nur noch ein Bad und kein Kamm.

Ist er dann richtig nass,
dann hat er seinen Spaß.

Er stellt sich schön nahe zu uns her
und schüttelt sich sehr.

Nun sind wir auch voller Dreck,
doch er ist wieder ganz friedlich und die Rage ist weg.

04.12.2014

Der Mann mit dem Kater beim Psychiater

Eines Tages suchte ein Mann mit einem Kater,
einen Psychiater.

Gesucht und gefunden,
fühlte er sich gleich mit dessen Couch verbunden.

"Herr Doktor, dass ganze kommt mir so komisch vor,
immer, wenn ich zuviel trinke, beginnt es zu sausen in meinem Ohr"
"Herr Doktor hören Sie,
im nüchternen Zustand passiert mir das nie."

"Wenn da zuviel ist wird mir immer übel,
mein bester Freund ist dann mein Kübel."

Dann spreche ich auch noch so verdreht,
wissen Sie, warum es mir so geht?

"Glauben Sie ist das hastige Trinken schuld,
vielleicht brauch ich einfach mehr Geduld.

"Weniger Geld würde es kosten,
wobei, wenn ich ganz aufhören würde, renne ich nicht immer gegen einen Pfosten."

"Herr Doktor, Sie sind ein Mann der seinen Job kennt,
ich brauch nur mit Ihnen zu reden, sie brauchen sogar nichts zu sagen und ich brauch nicht mal ein Medikament."

"Die Selbsterkenntnis hat begonnen
und Sie Herr Doktor haben Ihr Honorar gewonnen."

16.06.2014

Der Matador

Damals, es ist noch gar nicht so lange her,
da stand er.

Im Stadion vor ihm der Stier,
während das Publikum tobte, hatte dieser nur eines im Visier.

Das rote Tuch,
ja dies schreibt Geschichte, wohl schon ein ganzes Buch.

"Ole!" Da schnaubte das Tier und scharte mit dem Huf.
"Ole, ole!" Nervös machte ihm dieser Ruf.

Da rannte der Bulle los,
wollte versetzen dem Matador einen Stoß.

Dieser blickte hoffnungsvoll zu seiner geliebten Dame,
dieser Beruf war für ihn die beste Reklame.

Diese sandte ihm einen Kuss zu,
der Stier rannte durch das Tuch im Nu.

Lange ging es hin und her,
der Matador? Immer in Bewegung war er.

Irgendwann wurde es dem Stier zu blöd,
denn Kerl nie zu erwischen war auch öd.

Hinein in die Box ging er,
der Matador, Applaus bekam er, dass gefiel ihm sehr.

16.08.2013

Die Kuh Zenz jeder kennt's

Das Kälbchen wurde geboren im Juli, klein und süß,
flauschig von Kopf bis Füß.

Zenz, so wurde sie genannt,
durch Almauftrieb wurde sie bekannt.

Sie wurde immer größer,
sie wurde eine schöne Kuh und immer pompöser.
Durch Pflege und viel Liebe wurde die Zenz eine schöne Kuh,
in Nu.

Sie lebte dahin und jeder weiß,
sie gewann durch ihre Schönheit, so manchen Preis.

Sie war sehr gescheit
Und jeder der sie kennt ist erfüllt mit Heiterkeit.

Eines ist klar, die Kuh Zenz,
jeder kennt's.

31.10.2012

Die letzte Kuh macht die Türe zu

Der Ochs steht vorm neuen Tor
und ihm kommt es spanisch vor.

Er bekommt den Riegel nicht mehr auf,
er schiebt den Riegel links, rechts, runder und rauf.

Der Riegel bleibt trotz allem zu,
ihn bleibt nur ein verwundertes: „Muh!"

Keine Chance, es hilft nicht,
auch kein Gegenrennen hilft, dass das Tor aufbricht.

Endlich kommt der Bauer und macht auf,
der Ochs kann raus und ist gut drauf.

Des Nachts muss er wieder rein,
denn es könnte draußen gefährlich sein.

Eine Kuh, ganz schlau,
folgt ganz zum Schluss in den Bau.

Der Ochs schon drin,
geht die Kuh zur Türe hin.

Schaut die Türe interessiert an
und zeigt, was sie kann.

Sie spielt sich ein bisschen mit der Tür und macht sie zu,
sie hatte es heraußen im Nu.

16.08.2012

Die Maus mit dem Bauernschmaus

Zuhause haben wir ein Vieh,
dem trau ich nie.

Es ist zwar ganz süß,
aber etwas zu flink zwischen die Füß.

Manche halten es als Haustier,
manche werden von ihm ganz wirr.

Mit ihrem Graumauseffekt,
tarnt es sich perfekt.

Von Käse, bis Wurst und Speck,
frisst sie einfach alles weg.

Macht sie das nicht gerade,
befindet sie sich in der Schoko Lade.

Die Bäuerin geht in die Speisekammer und schreit: „Oh Graus,
die Maus frisst den Bauernschmaus!"

Ganz empört steht sie in der Kammer
und schmeißt, denn gerade erreichten Hammer.

Die Maus bricht ihr Mahl ab,
denn es war gerade ziemlich knapp.

Sie hat zwar nicht das Beste Ziel,
aber diesmal gewann sie fast dieses Spiel.

Sie rannte raus,
gut entkommen, Applaus.

Draußen die Katz,
ein süßer Fratz.

Sie macht sich nicht viel aus Maus, denn einen Speiseplan,
strebt sie einen anderen an.

Die Bäuerin schreit: „Maus!"
Doch der Schlachtplan sieht anders aus.

Die Katze legt sich auf den Boden ganz flach
und denkt sich: „Fang sie, mach!"

Die Bäuerin etwas böse: „Du nichtsnutzer Kater,
du würdest dich nicht einmal bewegen, bei einem gerade entstandenen Krater.

Die Maus ist endlich weg,
aber was sie nicht weiß, sie knabbert bereits wieder am guten Speck.

30.11.2015

Die Schlongen

Neilich bin i so durch'n Wold gongen,
wos siach i do? A murds trum Schlongen.

Wia des Viech mi bemerkt hot, hot sa sich aufbäumt und g'stresst.
I hob g'sogt: "Waßt wos? Des Beiß'n losst du liaba sein.
Es wär' echt g'scheita, wennst as lässt."

"Wennst du bei mir eini beißt,
kaunn's nämlich sein, dass es dir g'sundheitlich eini scheißt.
"Erstens bin i zach, do beißt da die Zähn' aus,
zweitens kriagst Colesterin, oh Graus."

Drittens, wenn du mi beißt,
so vü Kroft hob i dann no. I moch da an Knoten eini,
weißt wos des heißt?"

"Dann werd' i schauen, dass i die verbieg,
du elastischer Strick."

"Dann host a Verbiegung und an Knoten,
so moch i des mit Schlongen Kroten[31]."
"Du wirst scho sehen,

---

[31] Kroten => Kröte => jemanden als Kröte zu bezeichnen ist sehr abwertend.

dann wirst du Schlongen stehen."

"I biag di her,
dass du da wünscht, du wärst ka Schlongen sondern irgendwer."

"A Lasso moch i a aus dir
dann geh i zum Doktor und dannoch genehmig i mir a Bier.

"I sog da i schmeck grauslich! I bin net guat,
do verlässt da Schlongen da Muat."

Sie schaut mi entgeistert aun
und schlängelt davon so schnell sie kaunn.

24.02.2014

Konferenz der Tiere

Im Stoll drin streibt's uns monchmol die Hoor,
warum des so is, is uns a klor.

Es is net weg'n die bös'n Viecha, na na es is weg'n dem G'stonk,
do hebt's die monchmol wirklich von da Bonk.

So fongt a Hendl aun zum Red'n,

des is nur fünf Minut'n im Stoll drinn g'wen[32].

"Jo bist du deppat! Do drin is a Graus,
do is a G'stonk, des holt jo kana aus!"

Die Kuah,
die gib a ihr'n Senf dazua.

"Muh!
I kaunn net schlof'm, net amol in da Nocht hob i mei Ruh!"

Die Goas,
der losst des kolt, die losst wieder an Schoaß.

Darauf sog die Sau:
"Gnädige Frau!

Des gonze Druck jo net amol i
und i bin eh a Sauvieh!"

Da Hos'[33],
der rümpft die Nos'n und schreit: "Jo wos sull den dos?"

"I holt's net aus!
I muass ausi, aus dem Haus!"

Du Truthauhn gluckst vor sich hin

---

[32] g'wen = gewesen
[33] Hos' = Hase

und schreit: "I glaub i spinn!"

"I kriag ka Luft,
Schuld draun is der strenge Duft!"

Darauf rennen's olle ausi und reiß'n olle aus dem Haus ob,
fost wärn's dastunken, jo des wor knopp.

Nua da Goasbock is happy und haut si zu seiner Frau,
er kau sogor mehr stink'n, des wiss'n die Viecha gaunz genau.

21.08.2013

Maunzi

Zuhause haben wir ein Tier,
das gefällt nicht nur mir.

Sie hat einen aschgrauen Anzug, mit weißem Bauch,
weiße Stiefelchen und eine weiße Nase hat sie auch.

Sie hat eine rosa Nase und sie ist schick,
zu maunzen und sich einzuschleimen, dass ist ihr Kuscheltrick.

Dann kann man ihr nicht wieder stehen
und man muss sie knuddeln gehen.

Sie ist gescheit
und herzig ist auch ihre Spielezeit.

Hat sie endlich ihre Milch in ihren Taschen,
dann ist es Zeit sich zu waschen.

Irgendwann gehört sie zu den braven,
nämlich beim Schlafen.

Dann ist sie mal nicht zwischen den Füßen drinnen,
einmal schlafen und nicht Herzen gewinnen.

Aber man verliebt sich im Nu,
sogar, wenn sie mal gibt eine Ruh.

Doch eines ist uns Familieninternen nicht neu,
sie ist fremden gegenüber wirklich scheu.

Jaja, unsere Maunzi, wir lieben sie,
diese Katze, wir vergessen sie nie.

21.03.2012

Mein flauschiger Freund

Ich habe einen Freund, der hat ein schwarzes Fell,
mit ein paar Flecken, die sind hell.

Das Fell ist lang,
ein richtig süßer Blickfang.

Am Fuß ist es nass,
wie denn das?

Er begrüßt dich mit einem feuchten Kuss,
ein nasses Bein ist dabei muss.

Wenn auch alle aus dem Haus hudeln,
er bleibt immer bei dir und kommt knuddeln.

Er ist wie ein lebendiger Teddybär,
er ist flauschig und zwar sehr.

Wenn ich mich auch in Gedanken verlier,
er ist immer bei dir.

Lässt sich streicheln, leistet dir Gesellschaft,
somit wäre auch der schlimmste Tag geschafft.

Er folgt dir hinaus und auch ins Zimmer,
er bleibt dir treu und das für immer.

Er ist ein toller Kerl und ein Tier, der alle mag,
ich habe ihn lieb Tag für Tag.

20.08.2013

Nasse Nase

Ich habe einen Hund, der Bert,
er ist mir sehr viel wert.

Er ist aufgeweckt
und einer, welcher gerne neue Sachen und Freunde
entdeckt.

Er ist klein,
oft unauffällig, aber fein.

Die Damen braucht man dank Bert nicht suchen,
die hübschen Männer, hört man fluchen.

Denn viele glauben, es läuft einiges verkehrt,
die Damen stehen nicht auf sie, sondern auf Bert.

Ich gehe so spazieren, Bert ist an der Leine,
da sehe ich eine hübsche Dame und flüstere zeigend zu Bert: „Die da ist meine."

Fröhlich und munter,
geht er zuerst ganz unscheinbar zur Dame runter.

Darauf ein Schrei
und plötzlich war es wieder vorbei!

„Moi, ist der süß!
Der Wedler zwischen meine Füß!"

„Na, wie heißt den du,
nicht nur Bert war von ihr begeistert im Nu.

„Bert!", sagte ich. Hat er sie erschreckt mit seiner nassen Nase?
Er hat seine Knuddelphase.

Sie lächelt mich an,
da weiß ich, dass das nur was Gutes heißen kann.

Besonders für Bert,
weil ihn jede Dame begehrt.

Sie drückt ihn, er schleckt sie ab,
ich nützte die Zeit und fragte: „Ist ihnen die Zeit für einen Kaffee eh nicht zu knapp?"

Ich war schon irgendwie für eine Absage bereit,
da sagte sie ganz überraschend: „Ne, ich habe Zeit."

Deshalb ging es auf zum Café,
so wurde es ein schöner Abend. Kein Schmäh.

10.01.2014

Ratten scharf

Hat man mit einem Bauernhof Connection,
dann gibt es oft tierische Action.

So kann es halt auch passieren,
dass sich unerwünschte Tiere in den Stall verirren.

Sie geschah es in einer Nacht,
wir haben nichts Böses gedacht.

So hörte ich im Hühnerstall,
Gerumpel und Krawall.

„Alles klar da unten?"
Es war laut, da schien irgendwer irgendwas zu umrunden.

Papa, der aus dem Stall rauskam,
wirkte verdutzt und zahm.

„Weißt du, was mich gerade befiel?"
Eine Ratte, ich war unverhofft ihr Ziel.

„Sie kroch in meine Hose rein,
gruseliger kann es nicht sein."

Irgendwie bekam ich sie raus,
dann lief sie weg, welch ein Graus.

„Ich habe mich so geschreckt,
was los ist, ich glaub wir haben es beide nicht gecheckt."

„Irgendwie haben wir die Situation gepackt,
ohne Herzinfarkt."

Ich muss eines sagen, wenn diese Situation einen auch
aus den gewohnten Bahnen warf,
sie war Ratten scharf.

20.08.2013

Unsere Leitkuh mit ihrer Glocke

Sie ist ein schönes Symbol,
und dem Bauern ist es dabei wohl.

Denn er weiß immer, wo seine Leitkuh ist,
man kann das Läuten hören, dass man sie nie vergisst.

Die Kuh ist das Geläut,
gewohnt von früher und auch heut.

Sie selbst ist schön und der Bauer ist auf die Kuh und die Glocke stolz,
auf der Teichalm steht sogar eine Kuh aus Holz.

Genau so mächtig und anmutig [34] müsst ihr euch unsere Kuh vorstellen,
sie ist die Leitkuh und weiß genau die Futter und Wasserquellen.

Wo es Aktion gibt, ist sie live dabei,
ein hoch auf das, dass sie auf ewig so gescheit sei.

Unsere Leitkuh mit ihrer Glocke,
wir nennen sie liebevoll, Flocke.

19.07.2013

Vom Hosenscheißer und Wadenbeißer

Als Postler hat man nicht immer den leichtesten Job,
man ist vor Hunden mehr gefährdet als so mancher Cop.

---

[34] anmutig = edel, zart, elegant

Das Briefchen gehört in den Kasten,
zum Hund ablenken hat man schon ein paar Quasten.

Das schmeißt man rüber zum Hund
und schon geht es rund.

Er wetzt los,
der Briefträger muss den Brief reinschmeißen bloß.

Er geht schnell an die Sache ran,
denn der Adrenalinspiegel steigt an.

Der Hund schon mit den Zähnen fletscht,
der Postler sich schnell mit seinem Brief und der Angst
ab ketscht.

Dann rennt er los, der Hosenscheißer
und er nähert sich immer schneller der Wadenbeißer.

Er rennt und schaut zurück,
er ist schon weg. Der Herr hatte Glück.

Darauf schreit er „Juhu, geschafft,
wieder davon gerafft!"

Zum Glück bleibt der Postler meistens eh gesund,
denn es gewinnt er und nicht der Hund.

Die Musik

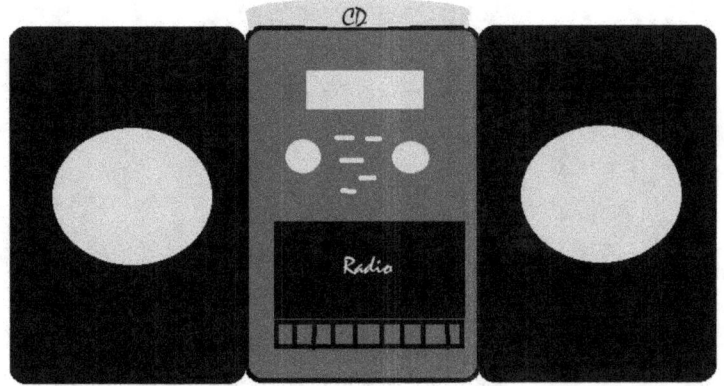

05.07.2012

A Musik im Leb'm

A Musik im Leb'm,
wos kaunn's Schöneres geb'm.

Ma wird mit da Musik mitgehen
und des is so schen.

Sie reißt die mit,
Musik is a Lebenssprit.

Olles is leicht und perfekt,
wenn da a Liad'l im Ohr steckt.

Du bist glei guat drauf,
Musik baut die auf.

Musik is anfoch cool
und olles laft, wie's sull.

Also los die ein auf an Hit,
genieß ihn und geh a biss'l mit.

29.01.2015

Der Rhythmus den man spüren muss

Jeder Musiker, jeder Tänzer,
jeder Bühnenglänzer.

Alle fühlen den Rhythmus,
den man einfach spüren muss.

Er fährt in die Glieder
und hält dich keinesfalls nieder.

Du musst aufstehen
und auf die Bühne gehen.

Der Bass,
du merkst ihn, es ist richtig krass.

Das Schlagzeug setzt ein,
das kann nur der Beginn eines wunderschönen Abends sein.

Da betritt die Bühne eine Dame,
Annie war ihr Name.

Du nimmst Annie an der Hand und lächelst sie an,
sie lächelt zurück. Ein Lächeln, dass man nicht widerstehen kann.

Gemeinsam tanzt ihr in die Nacht,
alles ist schön, heute wird an keine Sorgen gedacht.
04.09.2013

Die Musik

Musik reißt uns alle mit,
man muss sich bewegen bei einem Hit.

Musik schafft positive Stimmung
und versetzt uns in Schwingung

Musik macht Mut
und genau das ist in der heutigen Welt gut.

Wenn dich Alltagssituationen stressen,
lässt Musik die Probleme vergessen.

Musik gibt Kraft,
eine tolle Eigenschaft, die Musik schafft.

Geht es dir gut und freust du dich,
dann spricht ein Lied für sich.

Bist du mal traurig
und alles im Leben ist schaurig.

Dann hilft Musik in diesen Situationen
und man hat schon wieder fast gewonnen.

19.03.2014

Die Pubertät des Radios

Heit derf i eich wos dazöhl'n, des wos jeder Öltantal amol durchgeht,
nämlich von seinen Kindern die Pubertät.

Bei da Pubertät is ma natürlich a bissal von Sinnen
und ma fängt a, a weng aun zum Spinnen.

Is des gonze a monchmol a Qual,
ba uns Menschen is des normal.

Doch heit muass i eich wos dazöhl'n, des is sponnend,
des is anfoch so und es is do immer wos los,
eigentlich geht's um die Pubertät des Radios.

Wir do im schenan Tol herob'm,
hob'm scho einige Sendungen owabog'n.

Vü Zeit vabrocht,
a bissal g'reat, owa gonz vül g'locht.

Ba uns is immer haß, is drauß'n a költa,
zumindest ans is sicher, a mia wean ölta.

So is a mit'n Radio,

Gott sei donk. Samma froh.

Heit gibt's des Radio scho 15 Johr,
wirkli wohr.

Hom wir do a scho vü gewonnen,
so monches hot a gesponnen.

Die Technik kau natürlich a amol aussetz'n,
do hülft ka planloses umanond wetz'n.

Schen ruhig sitz'n bleib'm,
wenn's notwendig is, a G'schichterl schreib'm.

Homma so monchen Bledsinn a net wöll'n,
zumindest homma wos zum dazöhl'n.

Wenn a amol net oll's so rund laft, setz die eini und trau di,
zumindest homma a Gaudi.

So loss mas bis aufi noch Solzburg krochen
und hom immer wieder wos zu lochen.

03.10.2015

Do fohrt die Soundmaschin'

Am Somstog auf'd Nocht,
hot im Regelfoll a jeder die Orbeit g'schofft.

Dahoam bleib'm
und den Obend vorm Fernseher vertreib'm?
Na, des is doch fad,
des holt i net immer aus, tuat ma lad.

Also suach ma unser fesches G'wandl,
wal mir san guat drauf wir Mandl.

Dann start' ma durch,
g'stylet und mit putzte Schuach.

Ob zum Fest,
do start ma unsern Test.

Wos für a Madl hot Zeit,
zum Tonz'n heit.

Do schau' her,
des werd'n immer mehr.

Des freit mi sehr,
denn des is gor net amol so schwer.

Gor koa Wunder das i guat drauf bin,
mit so vüle Damen und den klassen Sound aus da
Soundmaschin'.

29.09.2011

Feel the Beat

Es reißt an jed'n mit,
i sog nur: "Feel the Beat."

Musik, die jed'n taugt und jed'n g'follt,
do es Hochspannung des heißt über tausend Volt.

Sovü Energie wird do frei
und mia san live dabei.

Die Stimmung bleib des haßt ka Aunzeichn auf a Wende,
die Fête nimmt so schnö ka Ende.

Heit samma guat drauf,
da Rhythmus baut uns auf.

Die Gaude is a Wahnsinn
und i bin mittendrin.

Es is anfoch cool,
amol nua feian und ka Schul.

Des haßt owa net, dass i sunst net glücklich bin,
im Leb'm weiter kommen is jo da Sinn.

Wichtig is nur, dass ma si olles schön mocht,
wal ma dann immer von Herzen locht.

Des gonze Leb'm is a Fête,
Oda glaubts ihr, dass i sunst imma a lächeln bei mir hätte?

Owa ans is sicha, für ka Gaude braucht ma Drog'n,
sonst is ma schnö von da Spaßleita runterg'flog'n.

25.02.2013

Let's Rock

Gitarre, Schlagzeug, Bass,
ja was wird denn das?

Strom, dunkel wird's im Raum,
ein Licht geht an, der Gitarrensound erklingt, welch ein Traum.

Da plötzlich! Auch das Schlagzeug setzt ein,
ja kann es denn noch Stimmungsvoller sein?

Die Halle tobt,
alles live hier, jetzt wird nichts mehr geprobt.

Der Sänger beginnt zu singen
und die Menge beginnt zu springen.

Ab geht's,
volle Kanne jetzt.

Niemand wird's mehr kalt,
denn es springen Jung und Alt.

Alle spüren den Beat
Und alle gehen mit.

Das Rampenlicht,
erlischt so schnell nicht.

Action in der Halle,
Musik und Gesangskrawalle.

So soll es sein „Let's Rock!"
Genau auf das haben wir heute Bock!

Das Springen und das Klatschen geben wir nicht auf,
so nimmt die Nacht ihren Lauf!

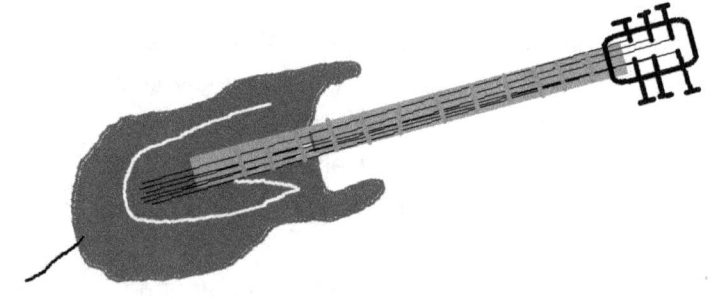

09.02.2013 und 12.02.2013

Live ist halt live

Live, das ist ein schönes Gefühl,
alles was du sagst, egal ob Seufzer oder Gebrüll.

Man hört alles und das im Originalton,
alles was passiert wird gesendet, jetzt schon.

Live im Radio, live alles wird übertragen,
ein bisschen muss man achten auf Antworten und Fragen.

Rausschneiden gibt es da keins,
es gibt nur die Chance Nummer eins.

Ein bisschen Lampenfieber ist dadurch immer dabei,
aber ist man im Studio, ist es so toll und der ärgste Stress geht vorbei.

Man entwickelt richtig Freude
Und das ist das Schöne liebe Leute.

Man hat Spaß daran,
man spricht mit Freude und hört sich das dann auch gerne an.

20.02.2013

Musik und uns reißt es schon mit

Kaum hören wir Musik,
dann reißt es uns schon mit.

Ein gescheiter Beat,
ist ein echter Hit.

Ist es draußen heiß, oder es hat stark abgekühlt,
es ist pure Freude, die man dadurch im Körper fühlt.

Auch eine lahme Ente wie mich reißt es da vom Hocker,
dann ist nichts mehr Grießkram, dann sieht man alles locker.

Ist es im Leben vielleicht auch mal hart,
eine tolle Dame, ein Stückchen Schokolade und Musik
macht die Situation ganz zart.

Bei einem tollen Lied,
wird sogar der Opa wieder fit.

Bei einer Veranstaltung gibt es gutes Essen, einen tollen Wein
und dann schwingen wir das Tanzbein.

Wir sind einfach gut drauf,
denn dieser Spaß baut uns auf.

31.08.2013

Pepp mit Stepp

Strahlendes Licht, so gehen sie auf die Bühne rauf,
die Iren haben es drauf.

Musik erklingt,
sie tanzen fetzig und beschwingt.

Sie bringen in die Halle Pepp,
mit ihrem Stepp.

Bei den Hebefiguren dieses raunen,
alle mussten staunen.

Auf der Bühne haben die Stars im Moment keine Ruh,
doch ich schau Ihnen ganz gespannt zu.

Das Publikum zu begeistern ist die Devise,
so vollbringen sie ihr Kunstwerk ganz Präzise.

Während die Stars springen, tanzen und zusammenrucken,
war ich beschäftigt mit interessierten gucken.

Mit so viel Elan und Schwung,
man merkt sofort die Begeisterung.

Die Sohlen hört man im Takt,
dass ist auch der Grund, warum mich die Begeisterung so packt.

Ist der Tanz dann auch mal aus,
dann geh ich mit voller Bewunderung nach Haus.

23.07.2014

RagPack

Willst du gute Musik testen
und fühlst du dich wie damals im wilden Westen.

Ja genau, hast du richtig gute Musik im Ohr,
ich weiß zwar, dass kommt öfters mal vor.

Aber kannst du bei den Klängen nicht sitzen auf einem Fleck,
dann ist die Rede von der Musikgruppe "RagPack."

Mit einer Musikrichtung wie damals schon im "wild west",
bringen sie Stimmung in jedes Fest.

Mit tollen Instrumenten, fetzigen Melodien und mitreißenden Stimmen ziehen sie durchs Land
und haben somit jedes Publikum in der Hand.

Wenn du den Countrysound hörst musst du mit,
die Band "RagPack" ist ein Hit.

Hört man "RagPack" live,
ist selbst der älteste Mensch nicht mehr steif.

Um sich als Musiker nicht zu quälen,
darf Applaus und ein kühles Getränk nicht fehlen.

Applaus, den habt ihr euch verdient,
weil ihr durch eure tolle Leistung das Publikum gewinnt.

Stimmung bringt ihr wohin ihr auch kommt,
man hört die ersten Klänge und ist begeistert prompt.

"RagPack", macht immer weiter so und gebt' nicht auf,
wenn man euch hört, ist man einfach super drauf.

05.07.2012

Rhythmus im Blut tut so gut

Dieser Rhythmus im Blut,
tut so gut.

Es reist dich vom Hocker,
egal wie schwer etwas ist, du nimmst es locker.

Zu jedem Hit,
bewegst du dich mit.

Das ist Lebensfreude,
liebe Leute.

Heute,
bewegen wir die ganze Meute.

Die ganze Umgebung,
ist voller Schwung.

Durchs Leben mit Vollgas,
es ist einfach krass.

Ein Rhythmus,
wo jeder mitmuss.

Gemma, gemma ohne Müdigkeit,
heute herrscht Jubel, Trubel, Heiterkeit.

Die Musik spielt auf und dann,
zeigt jeder, was er kann.

Auf geht's wir werden schwitzen,
denn heute bleibt keiner sitzen.

02.04.2014

Rock'n' Roll und alles läuft wie es soll

Manches Mal,
wenn du glaubst, das Leben ist eine Qual.

Dann schalt eine Musik an
und glaub mir du wirst sehen, wie schwungvoll das Leben sein kann.

Rock'n' Roll
und alles ist toll.

Boogie-Woogie und Dance,
ein cooles Gefühl, du musst dich bewegen, jeder kennt's.

Ein glühender Boden und heiße Sohlen,
dass ist es, was wir erleben wollen.

Ab die Post,
ein bisschen Bewegung, Freude ist's und glaube mir,
fast nichts kost's.

Action und Freude pur,
das liegt in der Tanznatur.

Rock'n' Roll
und alles läuft wie es soll.

02.09.2013

Sound of Rock

Alles unscheinbar,
doch des es nicht mehr lange still ist, na klar.

Instrumente werden angeschlossen,
die Drum wird als Test angestoßen.

Plötzlich alles finster und still,
doch das ist, was heute keiner will.

Ein grelles Licht scheint herunter
und plötzlich sind alle munter.

Das Schlagzeug fängt zu spielen an,
die E-Gitarre setzt auch ein dann.

Mit Synthesizer,
wird's auch nicht gerade leiser.

Schon bebt sie, die Umgebung
und das Publikum ist in Schwung.

09.01.2015

Tanz mit mir in die Nacht

Wenn man die Arbeit niederlegt
und die Sonne sich nach unten bewegt.

Wenn auch noch Wochenende ist
und du total glücklich bist.

Dann ist es soweit,
dann ist Ausgehzeit.

Freude macht sich breit,
denn die Damen sind im schönsten Abendkleid.

Hast du eine Dame angelacht,
dann sag doch: "Tanz mit mir in die Nacht.

Wenn du sie in die Arme nimmst,
merkst du, wie du zu schweben beginnst.

Du hörst auf die Musik,
sie einfach nicht mehr los zu lassen, dass ist ein guter Trick.

Du tanzt mit ihr in die Nacht,
dein Herz hat selten so gelacht.

20.11.2013

Von Arschgeigen und anderen Instrumenten

Wenn Menschen eine Arschgeige genannt werden, sind sie geschlaucht,
obwohl man sich das nicht immer zu Herzen nehmen braucht.

Geht ein Abend zur Neige
und es verstimmt sich die Geige.

Dann sagt der Kollege draußen im Harsch[35]:
„Deine Geige ist heute für den Arsch!"

Der Trommler, trommelte ganz wach,
als sein Fell brach.

Vorkurzem war sein letztes "Bumm!"
Jetzt sind die Instrumente stumm.

Jedoch,
der Flötist pfeift noch aus dem letzten Loch.

So begannen die Herren zu singen
und auch ohne Alkohol mit zu schwingen.

---

[35] Harsch = hart gefrorener, eisverkrusteter Schnee

Haben die Instrumente auch ausgedient,
den Applaus haben sie sich verdient.
Doch für heute ist die Neujahrgeigerei,
vorbei.

Hat auch so mancher beim Ausdruck der Arschgeige geweint,
in diesem Gedicht ist der Ausdruck ganz anders gemeint.

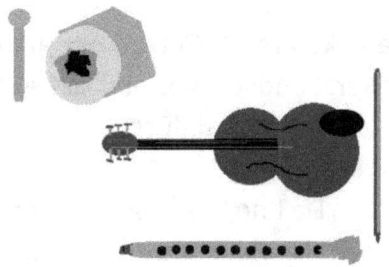

08.07.2013

Vol(l)ume

Da Radio a guata Kolleg,
spült imma mit beim Lebensweg.

Wüllst du orndli springen
und sollt da Radio lauter singen.

Dann drah den Knopf Volume,
Voll ume.
Da Nochbor jo do schaut er,
da Radio is glei um einiges lauter.

Da Nochbor, drüb'm schreit scho ganz heiser:
„Aber bitte Herr, drahn's doch leiser!"

Owa du host nix g'hert,
wal der im Radio so plerrt.

Dann kummt as Getrommle an da Tür,
du registrierst endlich wos und schreist: „I kann nix dafür!"

„Da Knopf is obgebrochen!
I kau leider nix mochen!"

Da Nochbor scho gonz haß,
plerrt: „Wos red'n Sie do für an Schaß?"

Geht zum Stromkabel hin und zieht es raus,
plötzlich wor die Musik aus."

Er schaut mich gaunz wütend aun,
und i sog bloß: „Wos hob i denn taun!"

Er schreitet zur Tür und haut diese zua,
mit letzter Stimme schreit er: „Jetzt is aba a Ruah!"

05.04.2013

Von innerer Kraft und Geborgenheit

Hörst du ein schönes Lied,
gehst du bestimmt mit dem Sound mit.

Lässt vielleicht auch deine Stimme erklingen,
daraus kannst du so viel gewinnen.

Ein schönes Lied hat die Macht,
für innere Kraft.

Auch für Geborgenheit,
für Jubel, Trubel und Heiterkeit.

Du fühlst richtig mit,
so wird das Lied zu einem Hit.

Diese Stimmung lässt dich in Gelassenheit schwimmen,
wenn erklingen die wunderschönen Stimmen.

Genau das ist das Tolle an Musik. Sie gibt uns Kraft
und oft auch den nötigen Lebenssaft.

Musik baut auf,
hörst du das richtige Lied, dann bist du wieder gut
drauf.

Nachdenkliches

Über dies und das

Begonnen am 05.03.2014 vollendet am 10.02.16

A jedes Leb'm schreibt Geschichte

A jedes Leb'm, des is des, voran i interessiert bin,
jedes Leb'm hot seinen eigenen Sinn.

A jeder hot von seinem Leb'm a ondere Idee,
des is ka Schmäh.

Und des is a des Schene draun,
dass do sovü Interessantes sein kaunn.

Egal ob vom Onkel oder von der Nichte,
a jedes Leb'm schreibt Geschichte.

25.01.2014

A poor Tassen fehlen

Sovü g'mocht, so g'scheit wüll i sein,
doch mei eigene Blödheit geht ma sölwa net immer ein.

A bissal a Bewegung, na des is net leicht,
grod sovü tuan, dass zum Leb'm reicht.

Die Faulheit erreicht sein Gipf'l,
also i hob selten g'sehn so an faulen Zipf'l.

Jo, owa so bin i holt,
bis bei mir wos fertig is, wird ma monchmol olt.

Föhla passier'n über die kana mehr locht,
Föhla, die sonst kana mocht.

Monchmol, wal ma net mitdenkt,
monchmol, wal ma so an seiner Meinung hängt.

Owa a, wal oan oll's wurscht is,
des kau gor nix, des is g'wiss.

I muass zuageb'm, gabat's an Depp'm Verein,
dann würd' i leider da Big Boss sein.

Wal i in Soch'n Leichtsinn,
leider Meister bin.

Bin i a a fauler und a Maunnsbüld a deppertes Stück,
so hob i immer wieder Glück.

Wenn bei mir a a poor Tassen fehlen,
die Leit wird'n ba mir immer die Friedensfahne wählen.

Weil sie si immer mit mir versöhnen,
sog i „DANKE", denn so genieß i an Olltog an schönen.

05.11.2013

Ablaufdatum

Nichts ist für immer ganz einfach darum,
denn alles hat ein Ablaufdatum.

So ist es überall,
besonders bei Lebensmitteln ist dies der Fall.

Eines Tages wird es geschehen,
da muss jeder Mensch mal von der Welt gehen.

Bist du auch arm oder reich,
ist das Lebensdatum abgelaufen wird jeder weich.

Doch wie dem auch sei,
ist es hier auch mal vorbei.

Dann hinterlässt man einen Eindruck hier auf Erden
und man wird so schnell nicht vergessen werden.

Wenn du hier auch mal verfällst,
wird es so sein, dass du einen Platz im Herzen behältst.

21.02.2014

Alles ist vergänglich

Alles geht einmal vorbei,
aber wie dem auch sei.

Was bleibt,
sind die schönen Erinnerungen, die das Leben schreibt.

Das sind Momente, warum man glücklich ist,
die Momente, die man nie mehr vergisst.

Bei einem Ende ist was Neues nicht mehr weit,
man soll nicht traurig sein, es kommt eine neue interessante Zeit.

14.10.2011

Alles was zählt

Alles was zählt,
ist die Menschlichkeit auf dieser Welt.

Ist es in deinem Herzen warm,
ist es egal, ob du reich bist oder arm.

Es hilft dir nicht,

wenn du zwar reich bist, aber ein Wicht.
Erfolgreich und wortgewandt,
dafür ekelhaft und arrogant.

Damit bist du kein Held, es trügt der Schein,
so wirst du nie erfolgreich sein.

Zeigst du Menschlichkeit
und bist für Hilfe bereit.

Ja es ist wahr,
dann bist du für viele ein Star.

Mit Kontaktfreude und Charme,
gibt es immer ein gemeinsam.

Wir verstehen uns, wir vertrauen uns blind,
dann, wenn wir gute Freunde sind.

28.09.2011

An jedem Ort das richtige Wort

Ganz egal, wo du bist,
das richtige Wort immer von Vorteil ist.

Zum Geburtstag ein paar Grüße,
liebst du deine Lady, küsst du ihr gern die Füße.

Deshalb lass dir was Tolles für sie einfallen,
nimm sie mit in die Disco und lass es auf dem
Tanzboden richtig knallen.

Nütze jede Chance,
für eine Romanze.

Du brauchst einfach an jedem Ort,
das richtige Wort.

Alles wird gut laufen,
mit bezaubernden Worten musst du ihr keinen teuren
Ring kaufen.

Bleib wortgewand und auf jeden Fall,
bleib immer am Ball.

08.01.2014

Angeh'n statt ansteh'n

I bin a Mensch, der die G'miatlichkeit liebt
und desholb leider vieles gern aufschiebt.

Nur kan Stress.
Na, wal wos sull denn des.

Nur irgendwann komm i drauf,
des ganze bringt mi net wirklich rauf.

Desholb denk i ma, g'scheiter angeh'n,
statt ansteh'n.

Geht ab die Post,
ist er fort der Rost.

Man merkt, es geht was weiter
und man lebt froh und heiter.

So funktioniert alles toll
und es ist so, wie es soll.

05.07.2012

As Leb'm in die Hond nehmen

Irgendwonn wird ma erwochs'n,
dann hofft ma, ma is dem gonz'n g'wochsn.

Ma muass as Leb'm in die Hond nehmen
und si a bissi benehmen.

Ma braucht a Zül,
dann hot ma scho vül.

Ma sull si zwor net hetz'n,
doch ma sull des umsetz'n.

A bissi bemüh'n, wos tuan,

kan Stress, owa a net z'long auf die Lorbeeren
ausruah'n.
Imma des Zül vor Augen,
dann wirst im Leb'm a wos taug'n.

Host amol an Stress
und denkst: „Wos sull des?"

Es vergeht olles wieder,
dann bist happy und nimma z'wieder.

As Leb'm is anfoch schen,
as Schenste, wos i kenn'.

28.02.2014

As Leb'm wär' net schwer

As Leb'm wär' net schwer,
wenn i net so deppat wär'.

Überhudeln und schnöll tuan,
wenn ma Bledsinn baut hülft's mir net und sunst kuan.

Zu wenig Flüssigkeit im Bluat,
des tuat scho gor net guat.

Die Konzentration losst noch,
die Leistung is extrem schwoch.

Dann moch i Fehler, die i gor net wüll,

im Hirn geht's dann erst richtig rund und es is net stüll.

As schlechte G'wissn,
des plogt, is is beschiss'n.

Am liabsten tätt i mi dann gern auf'm Mond schiaß'n,
jedoch, bin i a no so a Trott'l, as Leb'm wird weiter gehen miaß'n.

I bob's eh scho tausend mol in meine Gedichte erwähnt,
doch der mi wirklich gut kennt.

Jo, der woaß, wenn ma denkt, dass i geh den Leuten gern auf'n Keks,
der is auf'm Holzweg unterwegs.

Danke an olle für die Geduld
und das ihr einseht's dass i kan Bledsinn net wullt.

22.01.2015

Auf die harte Tour

Dieses Gedicht, ja,
es ist leider wahr.

Es handelt um so manche Dummheit,
leider über meine Wenigkeit.

Ich lerne Dinge, aber leider nur,
auf die harte Tour.
Gutgläubigkeit und mein Dickschädel,
ja die machen mich leider zu einem Wedel.

Diese Eigenschaften,
sind es, die mir schon so manches selbst verursachtes Problem verschafften.

Durch Hören, lernen gibt's bei mir fast nicht,
ich muss ein Problem durchleben von Angesicht zu Angesicht.

So geht so einiges schief und läuft natürlich nicht, wie es soll
und das ist nicht gerade toll.

Steck ich in einem Problem mittendrin,
verstehe ich leider erst in der Vermeidung den Sinn.

Na ja, jede Tat hat seinen Preis
und da ich es schon weiß

und ich mich kenne wie ich bin,
nehme ich meine Herausforderungen hin.

Man kann nur hoffen, dass ich Mitmenschen nicht zu sehr verletze
und das ich immer auf die Wiedergutmachung setze.

Auf das, wenn man mal ein Problem einkassiert,
dass niemanden etwas Grobes passiert.

Mit meinen Schicksalen muss ich leben,
wichtig ist nur, niemals aufzugeben.

20.02.2015

Aufgeregt

Es ist bekannt, dass er maßlos übertreibt,
soviel Blödsinn wie der schreibt.

Das ich mir das nicht anhören muss, ich unterschreibe gerne einen Revers,
was er erzählt ist doch pervers.

Ich bin das nicht,
dem das Gewissen sticht.

Warum vor der eigenen Tür kehren,
wenn die anderen sich über Beschuldigungen nicht wehren.

Die ganzen Thesen,
sind doch alle nur Geschichten gewesen.

Wem irgendein solcher Gedanke stresst,
der nun diesen Raum verlässt.

Oder wer meine Gedichte gelesen hat

und ist jetzt erbost und platt.

Wem solche Gedanken bewegen
und aufregen.

Der ist selber schuld, wenn er irgendeinen Text meiner
Wenigkeit zu eng sieht,
und gewisse Texte persönlich auf sich zieht.

Ja, der sollte sogar ernsthaft drüber nachdenken
und sein Leben ziemlich umlenken.

29.03.2012

Aus is es

Plötzlich is es aus,
aus meinen Gedonk'n hol i nix mehr g'scheites raus.

Mir follt nix mehr ein,
konn den des wohr sein.

Schreiben bringt si nix mehr,
i plag mi viel zu sehr.

I muss neue Ideen ort'n,
bis dorthin hoaßt's leider wort'n.

Geht nimma,
je länga ma überlegt, es wird imma schlimma.

Wos sull i tuan,
wennst an Hund zu vü strapazierst, fongt a a on zu knuan.

Wenn's so ausschaut, dann hoaßt's Gosch'n holt'n,
Hirn ausscholt'n.

Ob ins Bett,
woat bis i morgen wieder weiter red.

05.07.2013

Beiß ma durch

Im Leben is es net immer leicht,
owa wenn ma denkt: „Es reicht!"

Net aufgeben, beiß ma durch,
rein ins G'wond und in die Schuach.

Pock mas aun
und ma wird seh'n, dass ma doch einiges kaunn.

A bissal bemühen,
wenn ma Gas gibt, bringt ma sogor a koltes Eisen zum Glühen.

Orbeit ma im Team,
gemeinsam is olles net so schlimm.

Es kaunn sogor richtig Spaß moch'n,
ma muass net wüld schau'n, ma kaunn a loch'n.

Stott allein is besser zu zweit,
dann vergeht sie vü schnölla die Zeit.

Von Liebe und Sehnsucht

03.11.2015

Alles für mich

Diese Geschichte ist eine Liebesgeschichte
und es gibt davon schon viele Gedichte.

Doch diese Geschichte ist was ganz Besonderes, sie handelt von einer Frau,
dass sie die Allerbeste ist, weiß ich ganz genau.

Diese Frau darf ich nun schon seit einiger Zeit kennen
und ich habe das Glück, ich darf sie Schatzi nennen.

Sie ist mein ein und alles
und im Fall des Falles.

Ist sie immer für mich da,
ist sie auch noch so fern, in meinem Herzen ist sie,
also ist sie mir immer nah.

Sie bringt mich zum Lächeln und das täglich,
sie ist einfach alles für mich.

Schatz, ich kann dich niemals vergessen,
ich muss dich knuddeln stattdessen.

03.10.2015

Alles ist vergänglich wirklich alles

Bei Regen können wir Wolken schieben,
gegen Frust hilft verlieben.

Doch eines ist leider klar,
alles kann vergehen, dass ist wirklich wahr.

Wäre doch schön, wenn eine Liebe,
für immer bliebe.

Doch wie die Zeit so will,
wird es um alles einmal still.

Will man auch vieles nicht verlieren,
leider kann's passieren.

Doch eines begleitet mich schon ziemlich lang
und wahrscheinlich bis zu meinem letzten Gang.

Denn die Ideen gehen nie ganz vorbei,
somit wird sie nie vergehen die Dichterei.

Wahre Freundschaft, man wird sehen,
wird auch nie vergehen.

25.12.2012

Alles nur wegen dir Schatzi

So stark spürte ich es noch nie.
Jedes Mal, wenn ich an dich denke zittern mir die Knie.

Ich hebe ab,
da kommt die Liebeswolke und schnapp.

Schon hat sich mich.
Schon wieder denke ich: „Schatz, ich liebe dich!"

Dann wird es richtig schwer,
denn sie gibt mich nicht mehr her.

Dann denk ich nur mehr an dich,
die Wolke leitet mich.

Dann muss ich zu dir,
ich habe gar nichts dagegen, denn das gefällt mir.

Schatzi, ich kann nichts dafür,
dann ist das Gefühl da, das Schönste welches ich spür!

Dann liegst du in meinen Armen, ich strahle,
du bist der beste Grund, warum ich prahle!

Wunderschön, dass es dich gibt,
Schatzi, ich bin in dich verliebt!

22.11.2012

Alles nur wegen dir

Du bist ein Wunder der Natur,
du bist Freude pur.

Wenn ich dir in die Augen schau,
kannst du sicher sein, dass ich dir vertrau.

Eine Wahnsinns Frau,
du bist der Grund, warum ich Damenmoden schau.

Dir Nachzuschauen,
stärkt unheimlich mein Selbstvertrauen.

Ein tolles Kleidungsstück von mir für dich,
ist ein Geschenk für mich.

Hübsch von Kopf bis Fuß,
dass Allerschönste ist, von dir ein Kuss.

Angenehme Stimme und eine tolle Art,
hübsch und obendrein noch smart.

Kann ich dich wittern,
beginnen meine Knie schon zu zittern.

Du bist eine Wucht, du haust mich glatt um!
Na bumm!

Du bist das Beste, was mir passieren kann,
ganz einfach, schau dich doch an.

Lady, du bist ein Schatz,
in meinem Herzen hast du für immer Platz.

Du gefällst mir,
warum es mir so gut geht? Alles nur wegen dir.

01.12.2015

Alles was zählt bist du

Schatzi, alles was zählt bist du,
das war mir klar im Nu.

Eine Freundin wie dich,
dass ist eine Ehre für mich.

Du bist nett, hilfsbereit, hübsch und perfekt,
jeder der dich kennt, weiß das in dir ein Engel steckt.

Schatz, ich liebe dich so sehr,
ich gebe dich nie mehr her.

Danke, dass es dich gibt,
ich bin so in dich verliebt.

17.06.2015

As beste Schatzi ever

I hob as beste Schatzi ever
und i sog eich a warum. Sie is wirklich clever.

Wenn ma am Tog amol z'wieder is und wos net
verkroften kaunn,
dann ruaft sie mi aun.

Scho is olles spitze, wal sie lächelt,
das as Herz, a wenn ma no so grantig is an Luftsprung
mocht und hechelt.

Sie zaubert da trotzdem a fröhliches Grins'n ins G'sicht,
desholb vergiss i mei Schatzi nicht.

Dann redet sie mit mir so süß,
dass olles Blede sowieso glei sogt: "Tschüss"

Die Aug'n strahlend blau,
damit kaunn sie mi verzaubern diese super Frau.

Übermäßig glücklich samma,
wal mei Schatzi is der Hammer.

Desholb Schatzi lieb i di,
du bist olles für mi.

03.04.2013

Auf Eis gelegt

Wenn man richtig viel Stress hat
und man ist schon vor Beschäftigungen platt.

Dann hat man so manches Hobby auf Eis gelegt,
damit sich fürs Wichtige, mehr bewegt.

Jedoch, lässt man Freunde dadurch im Stich,
ist es wie der kälteste Winter für mich.

Man kämpft sich durch die Zeit
und wäre statt allein viel lieber zu zweit.

Das kalte Herz wird schwer
und das bedrückt sehr.

Deshalb bin ich in schweren Zeiten froh,
das war und ist noch immer so,

dass ich Familie und Freunde habe an die ich mich klammern kann,
dann geht es Stück für Stück voran.

So habe ich eine Aussicht
und ich weiß, mein Herz erfriert nicht.

Mit aufmunternde Worte und Damencharme,
wird's in meinem Herzen wieder.

08.03.2012

Auf Wolke sieben

Auf Wolke sieben,
bin ich schon lange sitzen geblieben.

Der Grund dafür, war eine junge Dame,
wunderschön ist ihr Name.

Mit ihrem Lächeln hat sie mich verzaubert,
Freude für immer, hat sie mir gelehrt.

Mit ihrem Charme verführt,
ruft sie mich an bin ich immer gerührt.

Sie strahlt wie die Sonne,
dass erfüllt mich mit Freude und Wonne.

Sagt sie ein Wort,
ist sofort jeder Kummer fort.

Liebe Freunde seht' sie doch an,
dann wisst ihr warum man bloß noch glücklich sein kann.

Amor hat mich voll erwischt,
sie ist eine Freude, die nie erlischt.

04.06.2013

Aus und vorbei für uns zwei

Es gibt so viele die meinen, dass wir nicht zusammenpassen,
sie meinen, du würdest mich hassen.

Doch gerade du sagtest immer zu mir:
„Ich, mein Schatz gehöre ganz alleine dir."

Ich umarmte dich mein Schatz
und gab dir einen dicken Schmatz.

Es ist der Neid,
der verbreitet dieses Leid.

Du bist hübsch und ich bin ich, du willst von mir mehr
und das gefällt mir sehr.

Das können andere nicht verstehen.
„Wie kannst du nur mit mir gehen?"

Ich sage: „Es ist wahre Liebe
und ich habe gar nichts dagegen, wenn es für immer so bliebe."

Aus und vorbei,
für uns zwei?

Niemals! Du bist viel zu wertvoll,
wunderschön und toll!

09.10.2012

Ausgeliefert

Bei diesem Thema hilft dem Mann,
nicht einmal der stärkste Plan.

Einmal hingesehen
und schon ist es geschehen.

Es genügt ein Blick,
manchmal glaube ich, sie haben einen Trick.

Sie sieht dich an
und es ist klar, dass man nicht anders kann.

Man muss einfach lächeln,
sogar der stärkste Mann beginnt zu schwächeln.

Kein Problem im Dunkeln,
denn die Augen beginnen zu funkeln.

Die Damen haben's uns angetan,
sie wickeln uns alle um den Finger und dann?

Eine süße Art
und sowieso ganz smart.

Wunderschön und toll, Liebe im Herz,
da verzichtet man freiwillig auf Kaffee und Sterz.

Sogar etwas Süßes kommt nicht mit,
denn ein Kuss ist ein viel größerer Hit.

Den Damen ausgeliefert für die Ewigkeit,
zu zweit ist es doch die schönste Zeit.

Kuscheln und ein bisschen Knuddeln,
kein Wunder, das die Glücksgefühle sprudeln.

29.09.2011

Bei Kerzenschein wird es romantisch sein

Wir gehen durchs Leben hektisch und schnell,
der Strom macht es möglich, es ist Tag und Nacht hell.

Arbeit hin und Arbeit her,
irgendwann wird es schwer.

Die nächste Lieferung ist soweit,
für meinen Schatz kaum noch Zeit.

Stromausfall, ruft die Tante,
kein Toast so eine Schande.

Doch für mich könnte es nicht schöner sein,
Romanze bei Kerzenschein.

Diese stromlose Zeit ist mein,
einfach genießen mit dir allein.
Die Zeit nutzen,
einmal nicht um die Arbeitsschuhe zu putzen.

Kein Strom, kein Fernseher,
nur du und das freut mich sehr.

Ich weiß, es wird romantisch sein,
denn es ist Romanze im Kerzenschein.

Sprüche

Das Leben ist wie ein Buch,
täglich schreibt es neue Geschichte!

11.08.2014

An die Eltern

Liebe Mama, lieber Papa, danke für mein schönes Leben,
denn ohne euch, würde es das nicht geben.

Danke, dass es euch gibt,
ich bin so in euch verliebt.

01.07.2014

Danke lieber Gott

Danke, dass mein Leben so schön ist,
danke, dass du mit mir so gnädig bist.

Im Leben sind es wahre Freuden, die ich mir gönn,
mein Leben ist wunderschön.

24.07.2014

Das größte Geschenk

Das größte Geschenk neben der Gesundheit bist du,
ich denke an dich und bin glücklich im Nu.

Mit dir zusammen, ist sogar bei Regen der schönste Tag,
dass ist der Grund, warum ich dich nicht bloß nur mag.

Ich Liebe dich,
du bist das größte Geschenk für mich.

11.08.2014

Dauert es auch lange

Dauert es auch lange,
ein Vers ist im Gange.

Es besagt, dass es perfekt ist,
dass du super bist.

11.08.2014

Du baust mich auf

Du baust mich auf,
deshalb bin ich super drauf.

11.08.2014

Du kannst gut dichten

Du kannst gut dichten, deshalb vergiss eines nie,
in dir steckt ein Genie!

11.05.2014

Ein toller Mensch

Ein toller Mensch im Herzen,
strahlt heller als tausend Kerzen.

Das bewirkt ein toller Mensch bei mir,
da pfeif ich auf Reichtum und Bier.

Menschen die ich mag,
haben Ehre verdient Tag für Tag.

Weil das so ist,
sage ich danke, dass du ein toller Mensch bist.

11.08.2014

Eine Freundin

Eine Freundin ist genau wie du,
der Gedanke an dich lässt mir keine Ruh.

Weil ich täglich an dich denk,
ist jeder Tag wie ein Geschenk.

11.08.2014

Es ist spät

Danke, für deine tollen Geschichten,
du kannst voll gut dichten.

Doch es ist schon spät,
also Zeit, dass der Thomas ins Bettchen geht.

Mein Handy liegt bald ausgeschaltet neben mir,
ich schick dir ein gute Nacht Bussi und träum von dir.

14.09.2014

Für jeden was dabei

Ob liebe, Witz oder Schweinerei,
es ist für jeden was dabei.

02.02.2016

Meine Seele und ich wir lieben dich

Du? Nicht verzagen,
ich muss dir was sagen.

Du? Meine Seele und ich,
wir lieben dich!

Wir lieben dich so sehr,
wir geben dich nicht mehr her!

11.05.2014

Prima

Ist da ein Funkloch,
soll man da verzweifeln oder traurig sein?

Weder noch. Ich werde einfach an dich denken,

434

das wird mir Freude schenken.

25.08.2014

Schenk mir einen Penny

Liebe Jenny,
schenk mir einen Penny,
dann schenk ich dir,
morgen einen von mir.

(Der Namen wurde frei erfunden)

11.05.2014

Vorbei ist die Nacht

Wenn vorbei ist die Nacht,
ein neuer Tag erwacht.

Draußen ist es warm
und ich denke an deinen Charme.

Dann brauch ich ein Eis,
denn dann wird's heiß.

29.01.2015

Wahrer Reichtum

Wahrer Reichtum,
ist für mich kein Hab und Gut,
kein Gold kein Rum,
deine Freundschaft macht mir Mut,
ja ich bin glücklich ganz einfach darum.

17.08.2014

Wenn man im Bett liegt

Wenn man im Bett liegt
und sich der Lattenrost biegt.
Dann ist nicht immer was kaputt. Stattdessen,
hat man zuviel gegessen.

29.01.2015

Wunsch den Schifahrern

Den Fischern wünsche ich "Petri Heil",
den Schifahrern: "Achtung, denn der Berg ist steil.
Doch genießt es, denn das Schifahren, besonders die
Schi-Haserl sind geil.

Viel Spaß und Gaude sollt's haben,
Jagertee, Schnaps und andere Gaben.

Den Schi Haserl'n im Bus,
schickt der Grabner Bua einen Kuss,
doch bloß nicht den Männern, da sonst der halbe Bus
kotzen muss.

Den Männern wünsche ich ein Bier
und einen schönen Gruß von mir.

Gute Fahrt allen,
möge das Schifahren gefallen.

Wenn es Nacht wird

30.10.2012

Anklage Mord
(frei erfunden)

Wir sitzen heute hier, wegen der Anklage Mord,
Richter hier, Angeklagter dort.

Wie konnte das nur geschehen?
Hat vielleicht jemand was gesehen?

Plötzlich tot,
warum wurde gemordet? Aus Lust oder Not?

Der drüben, ich habe den Verdacht,
er hat irgendetwas Krummes gemacht.

Auffällig verhalten,
draufgekommen, dass meine Sinne dem falschen Menschen galten.

Durch langes Fragen,
kamen Beweise zu tragen.

Der Unauffälligste kam zum Zug,
eine Aussage war genug.

„Haben Sie etwas mit der Sache zu tun?"
Bedrohlich stand er auf mit quietschenden Schuhen.

Da antwortete er mit tiefer Stimme und mit einer Ruhe:
„Jetzt liegt er in der Truhe."

Jetzt hat er sich echt verdächtig gemacht
und er ist zu Recht, der Verdacht.

Denn es stellte sich heraus,
er war schuld am Mord, welch ein Graus.

Der Grund dafür war Frust,
deshalb die grausame Mordlust.

16.02.2016

Der Krampus am Campus

Am 5. Dezember ist es meistens kalt,
das Jahr geht zur Neige, es wird alt.

An diesem Tag, wenn es dunkel wird,
Achtung, denn was Grauenhaftes passiert.

Wesen aus der Hölle steigen auf,
sie bringen die Dunkelheit mit herauf.

Mit ihren Rasseln und Ketten treiben sie ihr Unwesen
und haben als Rute, oft ordentliche Besen.

Böse Menschen und an den Frechen,
da werden sie sich rächen.

So ist das überall,

natürlich kommen sie auch dort, wo man fleißig ist und
wo man gescheit wird und beispielsweise genauer lernt
über den Überschall.

So gibt es auch den Krampus,
am Campus.

Auch dort schwingt er die Rute
und verbreitet auch dort bei manchen Leuten Angst
und Schrecken, was ich nicht nur vermute.

17.06.2014

Die Gendarmerie erwischt mich nie

Ich fühl mich gut,
denn ich habe sehr viel Mut.

Ich nehme mir dies und das
und da auch noch was.

Ich kann ganz schön viel kriegen,
und freu mich meines Lebens ein krummes Ding zu
biegen.
Mit Hochacht,
schleich ich durch die Nacht.

Mach Beute wie es mir beliebt,
bis sich die Sonne hervor schiebt.

Denn die Gendarmerie,
erwischt mich nie.

Die Zeit der Gendarmerie ist vorbei,
doch siehe da, vor mir steht da plötzlich die Polizei.

31.10.2013

Die Nacht des Grauens

Einmal im Jahr,
ist das Grauen da.

Wenn es finster wird,
am letzten Tag des Oktobers, ist die Zeit, dass die Unterwelt aufmarschiert.

Die ausgehöhlten Kürbisse leuchten,
in dieser oft kühlen Nacht und Feuchten.

Am Berg brennt auch heuer,
wieder das Hexenfeuer.

Man hört schauriges Gelächter,
heute sind die Bösen die Wächter.

Fliegt durch dich durch, ein Geist,
es Angst und schaudern verheißt.

Der Werwolf heult,
dass sich mein Haar verkrümmt und mein Gesicht
verbeult.

Es kann nicht schlimmer kommen? Von Wegen,
es kommen Blitze, Donner und Regen.

Nicht nur Hexen fliegen auf ihren Besen,
da sind auch andere grauenhafte Wesen.

Die Zombies steigen aus den Gräbern empor,
ihr Jammern hört man gut im Ohr.

Raben und Fledermaus,
fliegen auch rund ums schaurige Haus.

Um zwölf findet das ganze seinen Höhepunkt, bis der
letzte Turmschlag verhallt,
beim letzten Schlag hat es noch einmal geknallt.

Dann ist die Spielerei,
bis zum nächsten Jahr vorbei.

01.02.2015

Ein Leben wie ehedem

In der Nacht nicht weit von hier,

treibt sein Unwesen ein Vampir.
So manchen schaurigen Moment er verbreitet,
groß, stattlich und schwarz gekleidet.

Er ist zwar nun ein Blutsauger, doch er hat ein Problem,
denn er lebt wie ehedem.

Seine Opfer, die er sucht,
sind vom Alkoholproblem verflucht.

So sucht er und hält darauf große Stücke,
von Opfern, die Leben unter der Brücke.

Was aber nicht heißt,
dass jeder der dort unten lebt, liebt einen Melissengeist.

Egal ob brave, oder fiese,
er mag nur die, mit der Alkoholprise.

Ganz genau die zapft er an
und trinkt, als ob er niemals genug bekommen kann.

Die sind dann benommen und ganz bleich,
doch der Vampir ist nicht arm, sondern reich.
Seine Opfer haben die Wahl zwischen Likör Cherry,
oder einer „Bloody Mary."

„Trink davon oh guter Mann,
weil man sich so müde kaum bewegen kann."

Mit diesen Worten fliegt er als Fledermaus ganz geschwind,
in dunkler Gestalt fort durch den Wind.

Von den Opfern, wurde niemals mehr jemand gesehen,
doch bei Nacht, leben sie als Vampir, wie ehedem.

10.04.2013

Gute Nacht

Weil jeder Mensch in der Nacht die Augen zu macht,
sag auch ich: „Gute Nacht."
Wenn ihr morgen wiedererwacht,
hat mein Schreiben hoffentlich was gebracht.
Ihr denkt mit Freude zurück und habt über mein Werk gelacht,
doch nun sag ich noch einmal: „Gute Nacht!"
Ich habe meine Gedichte mit Freude vorgebracht.

21.03.2012

In der Nacht

In der Nacht geht es meistens los,
wie komm ich auf diese Gedanken bloß.

Doch es ist kein Problem,
beim Dichten sind sie die Creme de la Creme.

Die Gedanken ordnen sich,
welch ein Glück für mich.

Ein neues Gedicht entsteht,
im Kopf somit ein frischer Wind weht.

Ein Hobby, welches oft in der Nacht geschieht,
wo die meisten schlafen und mich somit fast nie jemand sieht.

In der Nacht habe ich meine Ruh',
wenn ich an jemanden denke, dann an meine lieben
und am meisten Schatz, bist es du.

Schreiben - ein Hobby welches mir Spaß macht,
ganz egal ob am Tag, oder in der Nacht.

Zuerst verlängert sich die Gedichteliste
und dann geht es ab ins Bett, in die kuschelige Kiste.

Dann freu ich mich, dass etwas Neues entstanden ist,
es sind Gedanken, die man durch die Niederschrift nie
mehr vergisst.

Im Bett träume ich dann noch von dir,
so gut geht es mir.

10.04.2015

Ob in die Hapf'm

Bist scho laung auf,
haust amol an Huat drauf.

Amol reicht's,
so a Müdigkeit is nix leicht's.

Sie mocht olles schwer
und des sehr.

Desholb ob in die Hapf'm,
raus aus die Schuachstapf'm.

Rull di in die Deck'n rein,
es kaunn so schen worm sein.

Liegt as Schatzi neben dir,
dann pfeifst sogor auf Fernsehen, Wein und Bier.

Jo, des is so richtig toll,
in da Hapf'm fühlt ma sich wohl.

18.07.2013

Schläfrig und müde

Jeder kennt es,
wenn man lange auf ist, oder man hat Stress.

Man wird müde, der Körper macht nicht richtig mit,
man fühlt sich einfach nicht fit.

Ist alles ruhig rundherum
und du musst stehen, fällst du fast um.

Sitzt du irgendwo
und wartest auf einen Anruf oder so.

Schläfst du auch fast ein,
es kann fast nicht anstrengender sein.

Dann denkst du dir: „Wie soll ich das schaffen?"
Die ganze Zeit musst du nur in den Bildschirm gaffen.

Dann fängst du an irgendetwas zu tun,
denn du darfst nicht einschlafen, nur ruhen.

Mit ein bisschen Bewegung und Überlegungen
kommen dir Gedanken,
du tust was und beginnst nicht zu schwanken.

Tu was und fall nicht um,
schlafen kannst du in der Nacht, darum.

07.08.2012

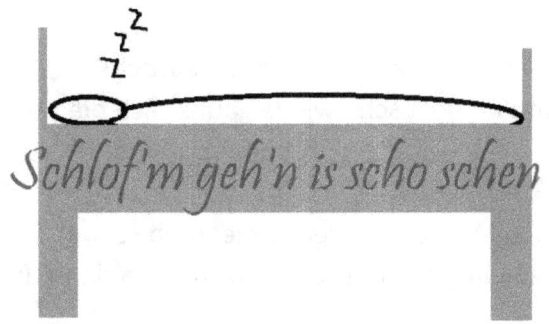

Als Baby verbringst eh die meiste Zeit im Bett,
schlof'm is eh gaunz nett.

So reifst heran,
wirst groß, Damen werd'n a fesch und dann?

Bist zum Furtgeh'n bereit,
zum Schlof'm host dann ka Zeit.

Komisch is nur am nächst'n Tog tuat's da lad,
wal as Aug' is dann imma ziemli fad.

Irgendwaunn kummst dann drauf,
du kimmst in da Fruah imma so schwer auf.

Dann nimmst da vor, da Tog sull schnöll vaflieg'n,
heit geh i friahra lieg'n.

Da Tog is vorbei
und du bist scho wieda wo dabei.

Die Zeit vafliagt,
komisch, dass die Zeit imma in da Nocht so an Stress kriagt.

Flux, is sie vorbei die Nocht
und du host scho wieda gaunz zach die Aug'n aufg'mocht.

An Vorsotz kennt's jetzt eh schon,
owa wenn nix wird draus, wos hot ma dann davon?

Am Sunntog, wennst amol schlof'm darfst
und net wie ferng'steiert rum lafst.

Kummst drauf: „Schlof'm geh'n,
is scho schen.

10.06.2013

Schluss Aus für diese Nacht

Vom Ehrgeiz vorangetrieben,
wird geschrieben und geschrieben.

Doch sie kommt die Müdigkeit,
zum Schlafen, ist dann Zeit.

Sie treibt dich ins Bett,
die Träume sind nach einer Schreibsession gleich
nochmals so nett.

Man träumt von Damen und alles was schön ist,
wenn du dann im Träume Land bist.

Deshalb. Müde bin ich und geh zur Ruh
und schließe für heute die Augen zu.

17.02.2016

Wenn es Nacht wird

Wenn es Nacht wird, wird es dunkel und so mancher
bekommt ein mulmiges Gefühl,
in der Nacht wird es oft feucht und kühl.

Vor dunklen Wesen nimmt man sich in Acht,
wenn man was vorbei huschen sieht, hat man gleich
einen schrecklichen Verdacht.

Vor Verbrechen hat man Angst,
wenn du in der Dunkelheit um dein Hab und Gut
bangst.

Doch die Nacht hat auch was Schönes. Man kann
schlafen, man kann genießen
und die Träume können sprießen.

Die Nacht wo du Kraft tankst

und für ein Bettchen dankst.

01.09.2014

Wenn's zwölfe schlogt

Wenn's zwölfe schlogt
und der Geist si durch die Ritz'n plogt.

Dann tuat er des aus an gewiss'n Grund,
es is Geisterstund.

Wenn Geister durch die Gegend geistern und Leit wecken,
dann hoffen's, dass sie möglichst viele schrecken.

Doch unlängst is wos passiert,
des hot mi a bissal verwirrt.

Aus dem Bett hot mi trieben da Durscht,
wenn mi der mattert, is ma die Müdigkeit a wurscht.

Mei Wohnung kenn i eh, also brauch ma ka Liacht,
wal i sie wie mei Westentosch'n kenn und mir dadurch nix G'schicht.

Do siach i a helle Gestolt,
zerscht hob i gedocht, i steh im Wold.

Dann gab es sowos wie an schrillen Schrei,

i woa des net, i sog's glei.

Die helle Gestolt huschte von links noch rechts ins Eck,
schon wor sie weg.

I hob net checkt wos des sull
und hob Liacht g'mocht und zwor vull.

Erst wie i mi im Spiegel hob geseh'n,
konnt' i di G'schicht erst versteh'n.

Die Hoor standen mir zu Berg und durch mei
verschlofenes G'sicht,
erschreckte ich mich nicht.

Owa da Geist die orme Seel, is verschwunden,
i hob den seither nie mehr g'funden.

14.09.2014

Zauber in da Geisternocht

Liabe Leit mir hom's wieder mol g'schofft,
es is a Zeit, wo moncher bled gofft.

Do wird's ernst und es wird, wenn dann schelmisch g'locht,
do kummt da Zauber in da Geisternocht.

I bin natürlich guat drauf,
brauch mi mol net fesch herrichten und schmeiß mi auf mein Bes'n drauf.

Am Berg ob'm is Hexenzirkel do brenn't Tonzn's wie die schoaf'm
und i kau amol natürlich außer Haus geh'n und brauch mol net versteck'n mei Loaf'm.

Während si die Leit'ln auf des Grauen vorbereiten,
genieß i es auf mein Bes'n zu reiten.

I bin zwoa a Mandl,
owa i mog mei Hexerg'wandl.

Amol im Johr schrecklich sein,
die Nocht auf'm erst'n November geht in die Geschichte ein.

28.09.2011

Schluss für heute

Wie schön das Schreiben auch sein mag,
irgendwann endet auch ein Schriftstellertag.

Auch ihn reicht es irgendwann,
die Augen fangen zum Schwerwerden an.

Dann sollte er seine Werke bei Seite legen
und sich Richtung Bettchen bewegen.

Dort tankt er sich wieder auf
und ist am nächsten Tag dafür gut drauf.

Ist am Tag viel geschehen,
kommen ihm vielleicht ja auch neue Ideen.

Doch, wenn man müde wird,
wird man ein bisschen verwirrt.

Deshalb schick ich an alle einen Gutenachtkuss,
denn mit dem Schreiben, ist heute Schluss.

Über den Autor

Das Foto wurde mit der eigenen Kamera erstellt

Meine Wenigkeit Thomas Grabner wurde am 23.07. in Graz geboren.
Ich bin einer von dreien, mein Zwillingsbruder Johannes weilt noch unter uns, der nicht nur mein Bruder, sondern auch mein bester Freund ist.
Trotz Gehbehinderung haben sich die Eltern Elisabeth und Peter Grabner so blendend um mich gekümmert, dass es mir möglich ist ein „normales Leben" so wie jeder andere auch zu führen.
Ein riesiger Gewinn sind auch die Freunde, die mich durchs Leben begleiten.
Die Freude am Dichten erkannte ich schon sehr früh und hab somit laut Angabe, mein erstes Gedicht mit 8 Jahren geschrieben. Das erste mit Computer geschriebene war im Jahre 2003.
Was mir noch zu sagen bleibt ist: „Liebe Leute genießt das Leben, es ist so schön und viel Spaß mit diesem Buch."

Herzlichen Dank an die Sponsoren

KFZ Fachwerkstätte

Karl Darnhofer

Kulming 37

8212 Kulm bei Weiz

Private Personen:

Elisabeth Grabner

Peter Grabner

Johannes Grabner

www.ingramcontent.com/pod-product-compliance
Lightning Source LLC
Chambersburg PA
CBHW071137300426
44113CB00009B/1001